LES BRISE-GLACES !

COMMENT AMENER N'IMPORTE QUEL PROSPECT À VOUS SUPPLIER DE LUI FAIRE UNE PRÉSENTATION !

TOM « BIG AL » SCHREITER

Pour information, contactez :
Fortune Network Publishing
P.O. Box 890084
Houston, TX 77289 USA

Téléphone : +1 (281) 280-9800

ISBN-10 : 1-948197-05-7
ISBN-13 : 978-1-948197-05-2

Traduit par Eric Garant

TABLE DES MATIÈRES

Ce livre est dédié aux gens de marketing
de réseau de partout.

Je voyage de par le monde plus de 240 jours chaque année.
Laissez-moi savoir si vous souhaitez que tienne une
formation (Big Al Training) dans votre secteur.

→ BigAlSeminars.com ←

Tous les livres de
Tom « Big Al » Schreiter
sont disponibles à :

BigAlBooks.com/french

PRÉFACE

« Le succès laisse des indices ».

Ce dicton dit vrai mais, l'échec laisse aussi des indices. C'était en 1972, tôt dans ma carrière en marketing de réseau. J'ai tenté d'obtenir des rendez-vous mais les prospects me disaient « Non ». J'ai tenté d'initier des conversations avec des prospects potentiels mais ils changeaient rapidement de sujet et cherchaient une porte de sortie. J'ai placé des annonces pour trouver des prospects « de qualité », et ils ont répondu que mon offre ne les intéressait pas.

Quel fut l'indice qui se transforma en évidence après tous ces échecs ?

Toutes mes conversations débutaient avec les mêmes phrases primitives à propos de ma merveilleuse opportunité. Les phrases que j'avais choisies amenaient mes prospects à répondre « Non ». Le fait de répéter ces phrases inefficaces et non éprouvées encore et encore à mes nouveaux prospects n'arrangerait pas les choses. Le problème provenait de ma bouche : j'utilisais les mauvais mots.

Alors à moins de changer mon vocabulaire (mes Brise-Glaces), rien ne changerait pour moi dans cette carrière. Voici donc un livre portant sur quelques Brise-Glaces éprouvés qui vous permettront d'éviter que de pareils échecs à répétition ne vous laissent le même indice...

-- Tom « Big Al » Schreiter

P.S. Le masculin sera utilisé dans ce livre afin d'en alléger la lecture.

OUF ! OUCH ! GRRRR !

- « Avez-vous un Plan B offrant un revenu résiduel ? »
- « Je suis dans une compagnie extraordinaire avec des produits extraordinaires, dirigée par des fondateurs extraordinaires avec un plan de rémunération fantastique et une formation incroyable... »
- « Avez-vous déjà songé à vos options pour générer des revenus ? »
- « Vous avez l'air d'un perdant dépressif à temps plein ; voudriez-vous devenir un gagnant ? »
- « L'économie est dans les chiottes ; aimeriez-vous être assis sur le dessus ? »
- « Allez-vous demeurer un vulguaire employé toute votre vie ? »
- « Aimeriez-vous diversifier vos revenus ? »

Et bien oui, ces phrases sont des Brise-Glaces qui permettent de démarrer une conversation, mais ils sont très, très **mauvais**. Même si ces exemples n'ont pas provoqué de rejet instantané, vous êtes loin d'avoir mis le prospect dans votre poche !

Nous parlons tous à des gens tous les jours ; le problème, c'est qu'on dit les **mauvaises** choses.

Nous n'avons pas peur de parler aux gens. Nous sommes confortable de dire par exemple : « Salut, comment ça va... Quel temps fait-il chez toi ? »

Mais il y a un monde entre dire « Salut, comment ça va... quel temps fait-il chez toi ? » et, « Tu aimerais devenir un de mes distributeurs ? »

Et ce pont à construire dans la conversation nous effraie. Il nous semble difficile d'effectuer la transition entre une conversation amicale et banale et l'introduction de notre entreprise dans cette même conversation sans se sentir comme un vendeur à pression. On doit donc « briser la glace » et introduire notre entreprise dans la conversation subtilement et d'une façon socialement acceptable.

Si on ne sait pas comment le faire avec finesse, il est préférable de se taire et de tout garder « top secret ». Mais on ne contacte personne, qui se joindra à notre équipe ?

Naturellement, on ne veut pas ruiner nos relations avec les gens. On ne veut pas non plus profiter ou abuser de nos parents et amis. Mais si on n'ajuste pas la mire, si on ne sait pas quoi dire et comment le dire, alors on n'aura rapidement plus personne à qui parler !

Voici un secret qui vous soulagera.

La seule différence entre les gens qui ont un nombre de prospects illimité et ceux qui n'en ont pas en marketing de réseau, c'est le vocabulaire qu'ils utilisent. Connaître et utiliser les bons mots est l'aptitude à acquérir pour quiconque désire introduire son entreprise de marketing dans une conversation.

Vous savez, nous avons déjà une bonne attitude. Nous avons assisté à la présentation d'affaire. Nous croyons déjà à notre compagnie. Nous avons des objectifs. Nous savons ce que nous voulons. Nous sommes motivés. Nous sommes positifs. On a déjà toutes ces choses.

Deux choses manquent à la plupart de ceux qui, malgré toutes ces choses, ne réussissent pas en marketing relationnel : savoir **quoi faire** et **quoi dire** exactement. La bonne nouvelle est que nous pouvons les apprendre.

Plusieurs distributeurs ont le même plan de rémunération, le même territoire, les mêmes produits et la même liste de prix. Tous les paramètres sont les mêmes pour développer leur entreprise sauf une chose : « ce qu'ils disent et ce qu'ils font. »

C'est donc « ce qu'ils disent et ce qu'ils font », et non pas les circonstances, qui déterminera l'ampleur de leurs revenus en marketing de réseau.

Alors il est l'heure d'apprendre à utiliser des mots et des phrases plus efficaces. Sur ce, commençons !

POURQUOI JE SOUFFRE PENDANT QUE VOUS ÊTES RICHE ET HEUREUX.

Supposons que nous sommes tous deux distributeurs.

Après la soirée d'opportunité d'affaire hebdomadaire, je me rends au restaurant « Denny's » pour une petite collation de fin de soirée. Je m'installe à la table, la serveuse vient me voir et dit : « Qu'est-ce que vous aimeriez commander ? » - je réponds: « Et bien, j'aimerais commander un burger, des frites, une salade d'accompagnement, une salade césar, un bol de macaroni au fromage, du pain à l'ail, un muffin aux bleuets, une pointe de tarte aux pommes, de la crème glacée, un morceau de gâteau au chocolat et un Coke diète. »

La serveuse m'apporte le tout et je grignote. Je retourne ensuite vers ma voiture et je me dis tout bas :

> « Quelle piètre et misérable entreprise. Personne autour ne s'intéresse à mon opportunité. Personne ne veux travailler à temps partiel. Personne ne désire investir de l'argent pour démarrer sa propre entreprise. Tout le monde ne pense qu'à regarder la télévision. Quelle piètre et misérable entreprise ! »

À vous maintenant. Vous assistez à la même rencontre d'opportunité d'affaire hebdomadaire et, suite à la rencontre, vous vous rendez vous aussi chez « Denny's » pour une petite collation de fin de soirée. Vous êtes installé à une table tout près de moi et, la même serveuse s'approche de vous et vous demande à votre tour: « Qu'est-ce que vous aimeriez commander ? » - et vous lui répondez : « Êtes-vous mariée à votre emploi ou avez-vous l'esprit ouvert ? » - la serveuse réfléchit quelques instants et répond : « Quoi ? » - vous répétez : « Êtes-vous mariée à votre emploi ou avez l'esprit ouvert ? » - la serveuse répond avec empressement : « Hé ! J'ai l'esprit ouvert ! Je ne veux pas être serveuse chez « Denny's » pour le reste de ma vie. De quoi s'agit-il ? » - vous répondez : « Et bien, je ne peux pas vous parler maintenant, vous êtes au travail. » - la serveuse réplique : « Et bien, avez-vous une brochure ? Pouvez-vous me diriger vers un site internet ? Quel est votre numéro de téléphone ? Avez-vous une carte d'affaires ? Avez-vous un CD ou un DVD ? Mais de quoi s'agit-il ? J'ai une pause dans environ 30 minutes, je peux vous suivre à vote voiture... Quand pouvons-nous discuter ? »

Vous terminez votre repas chez « Denny's » et vous rendez à votre voiture en vous disant tout bas :

> « Quelle piètre et misérable entreprise. Je ne peux même pas casser la croûte chez « Denny's » sans qu'on me harcèle en me demandant de l'information ou une présentation. Je dois repousser les prospects pour terminer mon repas ! »

Wow... quelle était la différence ?

Nous sommes tous deux allés chez « Denny's » pour manger. Nous avons tous deux été servis par la même personne. La seule différence ? **Vous avez choisi des mots différents !**

Et parce que vous avez choisi des « mots éprouvés », vous générez un nombre de prospects illimité qui vous supplient d'obtenir une présentation ; et vous vivez la vie de vos rêves.

Et parce que j'ai choisi d'utiliser des mots « hasardeux » ou parce que je ne sais pas quoi faire, je me plains que personne ne veut de mon entreprise et je vis ma carrière de marketing de réseau en mode frustration.

La seule différence dans ces scénarios est que **vous avez choisi des mots différents**. Tous les autres paramètres étaient identiques. Ces quelques mots « Êtes-vous mariée à votre emploi ou avez l'esprit ouvert ? », me séparent, moi et ma misérable vie de frustration et de petits chèques, de vous, qui jouissez d'un nombre illimité de prospects pré-qualifiés et de la vie de vos rêves. Juste quelques mots éprouvés...

LES PROSPECTS SONT PARTOUT SI VOUS SAVEZ QUOI DIRE.

Plus tard ce jour là, j'ai besoin d'une pile pour ma caméra. Je fais un saut au magasin d'électronique du coin et je saisis sur l'étalage une batterie AAA. Je me présente au comptoir pour payer et je dis : « J'aimerais acheter cette batterie AAA. » - le caissier répond : « Ce sera 1$. Est-ce que vous voulez acheter une garantie avez ça ? » - je prends mon courage à deux mains et je réponds : « Non non... je vais risquer le dollar tout entier ! »

Je sors du magasin et je file vers le stationnement en ruminant tout bas :

> « Quelle piètre et misérable entreprise. Personne ne veut d'une opportunité dans cette ville. Personne ne désire avoir plus d'argent dans sa vie. Tout le monde est heureux dans son emploi. Personne n'est de type vendeur. Tout le monde pense que c'est une pyramide. Quelle piètre et misérable entreprise ! »

Vous étiez en ligne derrière moi au comptoir du magasin d'électronique. Lorsque je quitte le magasin, vous vous approchez du même caissier et dites : « J'aimerais acheter cette batterie AAA. » - le caissier vous répond : « Ce sera 1$. Est-ce que vous voulez acheter une garantie avec ça ? » - vous répondez : « Non, je vais risquer le tout pour le tout ! Mais je suis curieux, avez-vous déjà cherché une façon de devenir votre propre patron afin de ne plus avoir à travailler 40 heures par semaine ? » - le caissier réfléchit quelques instants et répond : « Quoi ? » - vous répétez : « Avez-vous déjà cherché une façon de devenir votre propre patron afin de ne plus avoir à travailler 40 heures par semaine pour le reste de votre vie ? » - le caissier sourit et dit : « Non... bien sur que non ! C'est pour cette raison que je travaille encore ici au salaire minimum ! » - et vous poursuivez : « Et bien, je sais que vous êtes occupé et que vous n'avez pas beaucoup de temps pour fouiller cette option, mais quand vous débuterez vos recherches, voici ma carte. Appelez-moi ! »

Et comme vous vous apprêtez à sortir du magasin, le caissier vous agrippe par l'épaule et vous dit : « Hé ! Je n'ai pas à vous appeler... je suis en mode « recherche » maintenant ! De quoi s'agit-il ? » - vous répondez : « Et bien, tu es au travail, je ne peux pas te parler maintenant. » - Le cassier panique : « Et bien, euh... voici mon numéro de téléphone à la maison. J'y serai demain à 17h00. Appelez-moi à la maison. Si vous ne rejoignez pas là, appelez-moi sur le cellulaire que voici. Si je ne réponds pas, laissez-moi un message sur la boîte vocale et je vous rappelle aussitôt. Avez-vous une brochure que je peux regarder ou un site web que je peux visiter ? S.V.P., dites m'en plus tout de suite ! »

Vous atteignez finalement le stationnement sain et sauf et vous vous dites :

> « Quelle piètre et misérable entreprise. Je ne peux même pas acheter une batterie sans être harcelé par quelqu'un qui me supplie d'avoir plus d'informations ou une présentation de mon opportunité ! »

Quelle était la différence encore une fois ?

Vous faites du magasinage et des prospects vous harcèlent pour avoir plus d'information.

Je magasine aux mêmes endroits, je croise les mêmes personnes, mais je ne trouve aucun prospect.

La différence ?

Vous est moi avons choisi des **mots différents** pour s'adresser aux mêmes personnes. Si nous « brisons la glace » de façon efficace, nous avons une abondance de prospects et une entreprise florissante. Si nous utilisons des mots « aléatoires » ou si nous n'osons rien dire quand on rencontre les gens, notre entreprise sera piètre et misérable.

PARTOUT OÙ JE VOYAGE DANS LE MONDE, CE PROBLÈME SE PRODUIT.

Le nouveau distributeur vient me voir pour me demander :

« Je dois juste devenir plus efficace pour clore la vente. »

Je réponds : « Super, super, super ! Alors ne lâche pas ! Mais... par curiosité, combien de présentations fais-tu par semaine ? » - le nouveau distributeur répond : « Oh, je dirais... aucune. » - je réplique : « Peut-être que clore la vente n'est pas ton problème... Combien de rendez-vous obtiens-tu par semaine pour faire des présentations ? » - le nouveau distributeur répond : « Oh, je dirais... aucune ! » - je poursuis : « Peut-être qu'offrir des présentations n'est pas ton problème. Combien de personnes invites-tu ou, combien te demandent une présentation chaque semaine ? » - le nouveau distributeur répond : « Oh, je dirais... aucune ! »

Voilà le problème.

La plupart des nouveaux distributeurs passent leur semaine entière à **chercher** quelqu'un à qui faire une présentation. Alors plutôt que de passer toute la semaine à chercher quelqu'un à qui faire une présentation, ne serait-il pas plus censé d'apprendre de bonnes approches « Brise-Glace » qui feront en sorte que vous passerez votre semaine entière à faire des présentations ?

En quoi cette méthode de travail pourrait changer votre entreprise ?

Et bien, tout d'abord, vous ne seriez plus stressé et toujours à la recherche de prospects. Deuxièmement, si vous aviez plusieurs présentations déjà à votre agenda cette semaine, votre posture face aux prospects serait très forte. Vous ne seriez pas affecté par le fait qu'une personne joigne votre équipe ou non puisque votre semaine serait remplie d'autres présentations. Les prospects peuvent sentir votre désespoir quand vous n'avez pas suffisamment de prospects dans votre carnet. Troisièmement, avec de bonnes techniques « Brise-Glace », vous pourriez permettre à vos nouveaux distributeurs de démarrer très rapidement...

NE VOUS LAISSEZ PAS BERNER PAR CES MYTHES.

Nous devons réfléchir rigoureusement car nous gérons une entreprise. Et on ne peut pas diriger une entreprise en se basant sur des mythes ou encore, des contes de vieilles bonnes femmes. En voici quelques exemples :

Mythe : Je dois trouver des gens spéciaux !

Faux. Vous n'avez pas à trouver des gens spéciaux. Presque tout le monde à qui vous parlez est déjà intéressé et qualifié par ce que vous avez à offrir! Merveilleux n'est-ce-pas ?

Pensez-y. Quand vous parlez à des prospects, est-ce qu'ils veulent plus d'argent dans leur vie... ou moins d'argent ?

PLUS bien entendu !

Ils sont déjà attirés et ouverts à l'idée de saisir toute bonne opportunité. Mais ils ne seront pas nécessairement attirés par les mots que l'on choisit pour « briser la glace » dans la conversation.

Alors vous avez peut-être entendu d'autres mythes comme celui-ci. Ne tombez surtout pas dans le panneau !

Mythe : Ce que vous dites n'a pas d'importance si vous parlez à la bonne personne.

Calomnie ! Ce que vous dites aura une incidence, même sur la meilleure personne. C'est la raison pour laquelle elle vous répondra « Non » plutôt que de vous demander une présentation. Tôt dans ma carrière, j'ai utilisé des mots et des phrases aléatoires et inadéquates avec tout un tas de bons prospects.

Mythe : Rien de ce que vous pourrez dire ne changera l'issue si vous parlez à la mauvaise personne.

Vraiment ? Alors comment cette personne en vient éventuellement à changer son fusil d'épaule ? Cette personne n'est pas condamnée à vie. Quelqu'un finira par dire quelque chose qui va changer la vie ou l'opinion de cette personne.

Mythe : Va sur le terrain et obtient une centaine de « Non » de prospects.

Ouch. Laissez-moi voir. Si trois réponses « Non » font mal à la plupart des nouveaux distributeurs, pourquoi en voudriez-vous 97 de plus ? Ne serait-il pas plus simple de mémoriser quelques « formules éprouvées » pour faire en sorte que vos prospects répondent « Oui » plutôt que « Non » ?

Mythe : Chaque « Non » te rapproche d'un « Oui » !

Faux ! Chaque réponse « Non » ne fait que vous rapprocher d'un autre « Non » parce vous utilisez probablement les mauvais mots. Si ce que vous dites génère des « Non » à répétition, marteler la même formule sans cesse ne changera pas les résultats. Changez de mots si vous voulez obtenir des résultats différents.

Des mots aléatoires et inadéquats ne font qu'offusquer les gens, ou les laisser indifférents. À mes débuts, je n'avais pas les bons mots et j'ai fait du ravage dans ma famille. J'ai même été banni des mariages et des funérailles ! J'ai ensuite parlé à mes collègues de travail et ils en sont venus à ne plus prendre leur pause café afin de m'éviter. Finalement, j'ai parlé maladroitement de mon entreprise à mes amis et ils se sont mis à marcher de l'autre coté de la rue en me voyant.

Vous remarquez une tendance ?

Heureusement, après avoir changé mes mots, plusieurs d'entre eux se sont joints à moi et sont devenus de bons leaders ; oui oui, les mêmes personnes !

La question n'est donc pas vraiment de « trouver les bonnes personnes » ; mais plutôt d'utiliser les bons mots, des « formules éprouvées ». Donc, lorsqu'on débute en marketing de réseau, on croise de bons prospects, mais on ruine nos chances avec de mauvais mots.

Voici une histoire que je raconte aux nouveaux distributeurs afin qu'ils mémorisent bien cette notion importante.

Comment obtenir un rendez-vous galant...

Imaginez que je suis célibataire et que je me rends à une soirée pour rencontrer quelques jolies dames dans l'espoir d'obtenir un rendez-vous galant. Voici comment je brise la glace avec ces dernières :

> « Alors, quel âge avez-vous ? »
> « Quel est votre poids ? »
> « Quelle couleur teignez-vous vos cheveux ? »
> « Est-ce que ce sont vos vraies dents ? »
> « Quelle quantité de maquillage devez-vous appliquer chaque matin ? »
> « Oh vraiment ? Alors vous n'êtes pas enceinte ? »

Sans faire de calculs approfondis, combien de rendez-vous suis-je susceptible de décrocher avec ces approches ? Aucun. Zéro. Niet. Nada ! Lorsque je quitte la soirée je me dis : « Il n'y avait pas de bonnes prospectes à cette soirée. Quelques unes de ces femmes n'aiment même pas les hommes. Est-ce que quelqu'un pourrait me dire où rencontrer de véritables prospects ? »

Voyons voir... Selon vous, quels seront mes résultats à la prochaine soirée si j'utilise les mêmes approches ? Exactement les mêmes, zéro.

Serait-ce possible que quelqu'un d'autre se pointe à la même soirée et reparte avec un ou plusieurs numéros de téléphones ? Bien sur... si cette personne utilise des mots différents !

Vous n'êtes toujours pas convaincu que les mots font la différence ?

Il y a toujours au moins deux façons de décrire quelque chose. La séquence de mots que vous choisirez affectera grandement vos résultats. Voici l'exemple d'un jeune homme qui s'adresse à sa fiancée :

Choix de mots #1 : « Quand je regarde dans tes yeux, le temps s'arrête. »

Choix de mots #2 : « Ton visage ferait figer une horloge. »

Les deux phrases décrivent sommairement la même chose, mais l'interprétation sera très différente !

Les Brise-Glaces sont les premiers mots qui introduisent de notre opportunité et/ou nos produits dans une conversation. Les mots que nous choisissons pour briser la glace peuvent faire toute la différence entre une entreprise de marketing de réseau prospère ou plutôt chaotique.

CES PREMIERS MOTS MALADROITS À VOTRE SŒUR.

Jetons un coup d'œil à ce qui se produit quand on démarre notre carrière en marketing de réseau. Le dimanche, je suis en visite chez ma sœur pour souper. En tant que tout nouveau distributeur, je suis très impatient de partager ma découverte avec elle.

Alors je dévore mon repas… munch, munch, munch, munch, munch. Je lui pose des questions sur ses enfants… munch, munch, munch, munch, munch. Je parle météo… munch, munch, munch, munch, munch. Je parle politique municipale… munch, munch, munch, munch, munch. Nous parlons travail… munch, munch, munch, munch, munch. Et je lui pose une vingtaine d'autres questions sur sa vie… munch, munch, munch, munch…

Et en aucun temps ma sœur ne s'est tournée vers moi pour demander : « Hé frérot, est-ce que tu as joint une nouvelle entreprise récemment dont tu aimerais me parler ? »

Alors je devrai prendre le taureau par les cornes afin de « briser la glace » et d'introduire ma nouvelle entreprise dans la conversation.

Maintenant, voici le topo. Tout le monde peut initier une conversation. N'importe qui peut dire : « Allo, comment ça va ? Beau temps n'est-ce pas ? ». C'est facile.

Mais il y a un monde à parcourir entre la phrase typique : « Allo, comment ça va ? Beau temps n'est-ce pas ? », et quelque chose tu type : « Tu veux être distributeur ? »

C'est ce fossé qui nous effraie. On ne veut pas avoir l'air du vendeur manipulateur ou encore du profiteur. Et c'est pour cette raison que, bien souvent, on finit par ne rien dire. Et ne rien dire hypothèque sérieusement nos chances de réussite dans cette carrière.

Alors afin d'éviter de mettre ma carrière en péril, je sais que je dois me lancer et dire quelque chose. Deux scénarios possibles :

1. Si j'utilise la bonne approche, ma sœur me demandera une présentation et j'ai atteint mon objectif.
2. Mais si je n'utilise pas la bonne approche, que va-t-elle répondre ou penser de moi ? « Assied-toi à l'autre bout de la table ! », « Parle à mon chien ! », « Ne reviens plus jamais pour souper ici ! »

Et parce que la situation peut devenir catastrophique, je suis très, très nerveux.

Je continue donc à manger... munch, munch, munch, munch, munch. Je continue à parler politique, enfants, vacances, famille élargie et même, je reviens sur la météo. Si je ne brise pas la glace en introduisant mon entreprise bientôt, j'aurai engouffré mon dessert et ce l'heure de rentrer à la maison.

Ce moment, c'est ma carrière.

La réalité est simple. Si je fais mon approche de la bonne façon, j'aurai plusieurs personnes à qui parler et qui me demanderont des présentations. Si j'échoue, je vais crever de faim.

Alors je pense tout bas : « Ça suffit. Sois courageux. Fonce. Visualise tes objectifs. Tu as un paiement de voiture à faire. »

Je prends donc une grande respiration et je me lance : « Hé ! Chère sœur ! Tu veux être distributrice ? »

Je blague. Je ne dirais jamais quelque chose d'aussi stupide plus d'une fois ou deux. Non, j'utiliserais plutôt :

> « Hé ! Chère sœur ! Je suis en pleine recherche globale d'entrepreneurs talentueux en quête de liberté totale et de liberté financière par laquelle ils peuvent catapulter leurs efforts à travers une multitude de sources de revenus résiduels, fournissant ainsi un levier et un catalyseur pour leur temps discrétionnaire… »

Ça y est. Je suis mort et enterré.

L'alarme anti-vendeur » résonne encore dans la tête de ma sœur. Et elle a remarqué depuis longtemps que je ne parle pas de façon habituelle. Peut-être qu'un extra-terrestre s'est emparé de mon corps. Qui plus est, j'utilise trop de mots de l'industrie comme : distributeur, parrain, recrue, sponsor, points de volume, qualification, etc.

La situation est sur le point de tourner au vinaigre.

Mais je n'abandonne pas aussi facilement ! De toute façon, je n'ai plus rien à perdre. Je fais une autre tentative :

> « Hé ! Chère sœur ! Laisse-moi te parler de l'instabilité financière des corporations partout dans le monde en ce moment. Les institutions financières sont en difficulté. L'Organisation mondiale économique nous maintien volontairement sur le seuil de la pauvreté. Les régimes de pension ne sont plus garantis. Les gens perdent leur emploi. Les deux conjoints doivent travailler pour joindre les deux bouts. C'est l'anéantissement de la famille américaine. 65% des gens sont morts ou devraient l'être… »

Je me demande s'il y a un terme pour décrire « plus mort que mort »... si les yeux de ma sœur pouvaient tuer, je serais criblé de balles.

Maintenant je suis désespéré. C'est le moment d'aller droit au but. Je dois tout simplement partager avec ma sœur la merveilleuse compagnie que j'ai découverte, et les produits extraordinaires qu'elle distribue. Rien d'autre n'a fonctionné alors je me lance :

> « Hé ! Chère sœur ! Je suis distributeur pour la compagnie Merveille, installée dans la ville de Merveille au Texas, fondée par monsieur Merveilleux lui-même. C'est un père de famille merveilleux et il a plusieurs familles pour le prouver. La compagnie possède des télécopieurs merveilleux, des ordinateurs merveilleux, des imprimantes merveilleuses et tout est si merveilleux, merveilleux, merveilleux… »

Qu'est-ce qui trotte dans la tête de ma sœur en ce moment d'après-vous ? Elle se dit probablement: « Merveilleux ! Mon frère a joint une secte. Et si je fais comme lui, je vais avoir l'air aussi stupide que lui en ce moment ! »

Il n'y a rien de mal avec la compagnie Merveille et ses produits merveilleux. Le fait est que je présente la compagnie au mauvais moment dans la conversation. Je dois d'abord « briser la glace ».

Je jouais ma carrière à ce moment précis... et je l'ai anéantie !

Trêve de plaisanteries, c'est le moment d'apprendre à « briser la glace » comme des Pros !

Voici les règles.

Avant de débuter, j'ai établi quelques règles à propos des présentations et des Brise-Glaces.

Règle #1 : Je n'offre de présentation qu'aux gens qui me le demandent d'abord.

La raison est simple, je suis un lâche accrédité ! Je déteste le sentiment de rejet. Je déteste me mettre au pied du mur et je déteste imposer mon entreprise à qui que ce soit.

Je sais ce que vous vous dites : « Si je ne fait qu'offrir des présentations qu'aux gens qui me supplient de le faire... je vais crever de faim ! »

Pas de panique. Vous allez bientôt apprendre comment faire en sorte que vos prospects vous supplient de leur faire une présentation. Et pour la plupart d'entre nous, si la demande de présentation provient du prospect, les choses deviennent beaucoup plus simples.

En fait, comment vous sentiriez-vous si, semaine après semaine, les gens vous suppliaient de leur faire une présentation ? La vie vous semblerait plus douce n'est-ce pas ? Cette technique simple, le « Brise-Glace », pourrait propulser votre carrière !

Parce que si les gens vous demandent constamment des présentations, votre entreprise se développera d'une façon ou d'une autre n'est-ce pas ? Même si votre présentation est complètement nulle, certains prospects se joindront à votre équipe quand même, ne serait-ce que par sympathie !

Règle #2 : Les Brise-Glaces devraient être 100% sécuritaires. Si un Brise-Glace offrait une seule possibilité de rejet, les distributeurs n'oseraient pas l'utiliser.

Règle #3 : Les Brise-Glaces ne devraient jamais mettre la pression ou créer de malaise chez votre sœur ou vos prospects. Si vous mettez la pression sur votre sœur par exemple, vous ne serez plus jamais invité pour souper et ce serait très dommage !

Règle #4 : Les Brise-Glaces devraient offrir une forte probabilité de succès. Parce que s'ils ne fonctionnent pas, et bien personne ne continuera de les utiliser.

FORMULE #1.

Vous pouvez créer des tonnes de Brise-Glaces efficaces avec des formules. Explorons une de ces formules maintenant.

Retournons chez sœur. Munch, munch, munch, munch, munch.... J'ai parlé température... et de tous les autres sujets. Je me retourne vers ma sœur et je dis :

> « Hé ! Chère sœur ! Je viens juste de découvrir comment on peut recevoir un chèque de plus à chaque mois. Si jamais tu désires savoir comment, ça me fera plaisir de t'expliquer. En attendant, pourrais-je avoir d'autres petits pois ? »

Si ma sœur est intéressée, comment me répondra-t-elle ?

« Qu'est-ce que c'est ? »

Ce qui équivaut à une demande de présentation, sans aucune forme de rejet !

Je lui répondrais : « Bien sûr, je vais t'expliquer après souper. » - ma sœur réplique : « Non non non ! Dis-moi ce que c'est tout de suite... j'ai besoin d'un chèque supplémentaire ! » - je réponds : « Je vais te le dire après le dessert, lorsque la table sera libérée. » - ma sœur perds patience : « Non, dis-le moi tout de suite ! »

N'est-ce pas un beau problème ? Oui. Ma sœur me supplie de lui faire une présentation, sans rejet.

Mais si au contraire ma sœur n'était pas intéressée, que serait-il arrivé ? Elle m'aurait tout simplement donné d'autres petits pois. Je gagne sur les deux tableaux car si elle n'est pas intéressée, j'ai d'autre nourriture !

Mais le plus extraordinaire, c'est que tout s'est déroulé sans malaise ni rejet de part et d'autre.

Est-ce que j'ai mis la pression ou crée un malaise chez ma sœur d'une quelconque façon ? Non. Est-ce que cette approche offre une forte probabilité de succès ? Oui. Ce Brise-Glace se conforme à mes quatre règles !

Mais plus subtilement, pourquoi ce a fonctionné ?

Premièrement, le fait de débuter une phrase par : « Je viens juste de découvrir », fige littéralement le cerveau de votre prospect. Elle met son esprit conscient aux arrêts, lui fait oublier tout ce à quoi il était en train de penser et, oblige la personne qui écoute à focaliser toute son attention sur les mots que je m'apprête à prononcer. Magique n'est-ce pas ?

Le subconscient pullule de programmes qui gèrent nos vies. Un de ces programmes est : « le mode survie ». Alors lorsque nous entendons les mots « Je viens juste de découvrir... », notre programme de survie donne au cerveau les consignes suivantes : « Arrête tout ! Ce qui sera dit est peut-être important pour notre survie. Chuuuut ! Tranquille ! Écoute ! »

Un autre programme du subconscient est sollicité par cette même phrase : « la curiosité ». Le programme curiosité prend le relais en disant : « Qu'est-ce que tu as découvert ? Je dois le savoir. Je ne peux pas continuer à vivre tant que je ne saurai pas qu'est-ce que c'est. Chuuuut ! Tranquille ! Écoute ! »

Le prospect n'a aucune chance ; il doit écouter. Pensez-y ; si personne ne vous écoute, vos chances sont plutôt minces. Nous devons figer l'esprit et capter toute l'attention de notre prospect.

À la suite de : « Je viens juste de découvrir », il ne reste plus qu'à ajouter un bénéfice. Le prospect écoute attentivement le bénéfice et, en général, désire en savoir plus. C'est une technique fantastique pour faire en sorte que les prospects nous demandent une présentation.

Analysons aussi la seconde portion de la formule Brise-Glace que j'ai utilisée.

« Si jamais tu désires savoir comment, ça me fera plaisir de t'expliquer. En attendant, peux-tu me donner d'autres petits pois ? »

Cette formule offre au prospect une porte de sortie facile pour répondre « Non, je ne suis pas intéressé ». Elle n'a qu'à répondre à votre demande sans réagir à votre proposition. De cette façon, le prospect n'a pas à soulever une objection ou encore, pondre une excuse bidon s'il n'est pas intéressé.

Si vous ne croyez pas à l'efficacité de cette technique, vous pouvez aisément la tester par vous-même. Vous constaterez qu'il est facile de figer les esprits avec seulement cinq mots : « Je viens juste de découvrir ».

Vous avez des parents ou amis à qui vous aimeriez torturer l'esprit ? Au votre prochaine rencontre autour d'une bonne table... Munch, munch, munch, munch, munch. Tournez-vous vers cette personne et dites tout bonnement : « Tu sais, je viens juste de découvrir » et stop, ne dites plus un mot. Vous allez rendre cette personne complètement dingue.

Réalisez-vous que cette simple petite formule monopolise l'intérêt de vos prospects instantanément et les amènent à vous demander une présentation ? Et elle ne demande aucune aptitude extraordinaire, tableau de rêves, motivation extérieure, charisme ou courage particulier ?

Oui, n'importe-qui peut utiliser les Brise-Glaces, même les nouveaux distributeurs les plus timides.

Alors faites-vite ! Mémorisez et surtout, mettez en pratique la formule Brise-Glace #1 :

> **« Je viens juste de découvrir » + bénéfice = super Brise-Glace.**

Et si cette formule vous semble difficile à visualiser, vous n'avez qu'à remplir les espaces dans cette phrase :

Hé ___________, Je viens juste de découvrir comment ________________________. Si jamais tu désires en savoir plus, ça me fera plaisir de t'expliquer. En attendant, peux-tu s.v.p. ________________________________.

AMUSONS-NOUS UN PEU AVEC CETTE FORMULE.

Que diriez-vous d'insérer quelques bénéfices et d'explorer la flexibilité de la formule ?

Vous êtes au travail et vous avez l'intention de parler de votre entreprise à un de vos collègues. Vous lui dites :

« Hé Joe, je viens juste de découvrir comment on peut congédier notre patron et démarrer notre propre entreprise. Si jamais tu désires en savoir plus, ça me fera plaisir de t'en parler. En attendant, faisons une pause café ! »

Qu'elle sera la réaction de Joe d'après vous ?

« Parfait ! Faisons une looooongue pause café ! »

C'était facile n'est-ce pas ? Et vous savez que cette approche fonctionnera avec la plupart des gens au travail, sauf le patron naturellement ! Ils voudront tous avoir une conversation privée avec vous, à un moment ou l'autre de la journée.

Mais si vous n'avez pas de travail ? Peut-être êtes-vous une maman à la maison et que vos prospects sont aussi des mamans à la maison. Vous pourriez alors utiliser quelque chose du genre :

« Hé Marie, je viens juste de découvrir comment on peut rester à la maison avec les enfants tout en recevant un chèque de paye temps plein ! Si jamais tu désires en savoir plus, je serai heureuse de t'en parler. Mais pour l'instant, que dirais-tu d'aller au parc avec les enfants ? »

Quelles sont les chances que Marie réponde : « Dis-moi tout ! » selon vous ? Je n'ai personnellement jamais entendu une maman répondre par « Oh, je préfère entreposer les enfants à la garderie. »

Connaissez-vous quelqu'un qui frise les 50 ans ? Vous pourriez lui lancer à tout hasard:

« Hé Joe, je viens juste de découvrir comment prendre notre retraite 5 ans plus tôt à plein salaire. Si c'est quelque chose qui t'intéresse, ça me fera plaisir de te partager les détails. Mais pour l'instant, il faut se remettre au boulot. »

Est-ce que Joe vous laissera retourner au travail ? Probablement pas ! Il vous dira sans doute : « Toi, tu restes ici. Dis-moi tout, tout de suite ! »

Bien entendu, ça n'aurait pas le même impact pour un jeune adulte de 18 ans. À ce dernier, vous devriez plutôt utiliser une approche du genre :

« Hé Joe, je viens juste de découvrir qu'on n'a pas à travailler durant 45 ans comme nos parents. Si jamais tu veux en savoir plus, ça me fera plaisir de t'expliquer... Et maintenant, si on retournait à nos jeux vidéo ? »

Si vous regardiez la télévision avec une amie, vous pourriez tendre la perche comme suit :

« Hé Marie ! Je viens juste de découvrir comment on peut travailler trois semaines par mois et être payé pour quatre. Si jamais tu désires en savoir plus, ça me fera plaisir de t'expliquer ! En attendant, regardons le bulletin de nouvelles. »

Ou vous pourriez utiliser un autre angle d'attaque auprès de Marie :

« Hé Marie ! Je viens juste de découvrir comment on peut prendre une semaine de congé par mois sans avoir à le faire chez les beaux-parents. Si jamais tu veux savoir comment, ça me fera plaisir de t'en parler. Dis, tu me redonne la télécommande s'il-te-plait ? »

Et Marie répondra probablement : «Une semaine de vacance par mois juste avec ma petite famille et pas de beaux-parents ? J'achète ! Ça va nous faire du bien. Super ! Ça m'intéresse... dis-moi tout ! »

Vous cherchez des leaders ? En regardant la télévision, vous tâtez le pouls :

« Hé Marie, je viens juste de découvrir comment on peut prendre six mois de vacances, deux fois par année ! »

Bien sûr, Marie éclatera probablement de rire... mais elle dira peut-être par la suite : « Tu es sérieux ? Donne-moi plus d'info ! »

Si vous approchez quelqu'un qui vit les embouteillages au quotidien, vous pourriez utiliser cette approche :

> « Hé Joe, je viens juste de découvrir qu'on n'a pas à se taper les bouchons de circulation et les trains bondés à chaque jour. Si jamais tu désires en savoir plus, je serai heureux de t'en parler. Pour l'instant, dépêchons-nous d'attraper ce train ! »

Si vous vous adressiez à une secrétaire, vous pourriez lui dire au creux de l'oreille :

> « Hé Marie ! Je viens juste de découvrir comment une secrétaire peut gagner plus d'argent à temps partiel que son patron à temps plein. Si jamais tu veux avoir les détails, ça me fera plaisir de les partager avec toi. Tu peux poursuivre ta manucure maintenant... »

Ok, j'avoue que j'exagère un peu, mais c'est une bonne structure pour une tonne de situations telles que :

- Je viens juste de découvrir comment les femmes au foyer peuvent gagner plus d'argent à temps partiel que leur conjoint à temps plein.
- Je viens juste de découvrir comment des conseillers municipaux peuvent gagner plus d'argent à temps partiel que le Maire à temps plein.

Laissez aller votre imagination !

C'est ce que nous disons qui fait la différence. J'entends souvent les distributeurs en marketing de réseau se plaindre à propos des étudiants universitaires. Ils disent : « Quelle bande de paresseux, inutiles, chasseurs d'emplois démotivés... »

Stop ! Peut-être que ce ne sont pas les universitaires qui sont fautifs. Peut-être que tout est relié à ce qu'on dit et ce qu'on fait. Seriez-vous d'accord pour dire qu'en utilisant de meilleurs mots ou une meilleure approche, que quelques uns d'entre eux demanderaient une présentation ? Peut-être pas la totalité mais nos statistiques seraient de loin supérieures.

En utilisant le Brise-Glace #1, quel bénéfice pourrais-je utiliser si je m'adressais à un universitaire ?

« Hé Joe, je viens juste de découvrir comment des étudiants à l'université peuvent gagner plus d'argent à temps partiel que leur professeur à temps plein. Si jamais tu veux en savoir plus, ça me fera plaisir de te donner les détails. Maintenant, je dois te laisser. Il faut que je retourne sur Facebook ! »

Je crois que bon nombre d'étudiants vous réclameraient une présentation avec cette approche... simple question de mots.

À un ami vous pourriez dire :

« Je viens juste de découvrir une option pour ne plus jamais avoir à travailler. Si ça t'intéresse, tu sais où me trouver. En attendant, ça te dirait une partie de quilles ? »

Ou essayez ceci :

« Je viens juste de découvrir comment on peut s'offrir des fins de semaine de 5 jours au lieu de 2. Si jamais tu veux les détails, je te montre avec plaisir. Changement de sujet, comment va ton chien ? »

Ou :

« Je viens juste de découvrir une option pour ne avoir à travailler les weekends. Si c'est quelque chose qui te branche, je t'expliquerai tout ! Mais dis-moi, tu as écouté le programme double à la télé hier soir ? »

Supposons que l'avantage fiscal de votre entreprise représente environ 200$ par mois. Vous prenez part à un 5 à 7 et vous vous glissez dans un petit groupe pour vous joindre à leur discussion. L'un d'entre eux se tourne tout à coup vers vous et demande : « Alors quoi de neuf avec toi ? ». Et vous lui répondez :

« Je viens juste de découvrir comment on peut réduire ses impôts de 200$ par mois. Si jamais vous voulez les détails, ça me fera plaisir de vous donner le tuyau. D'ici là, goûtez-moi ces canapés ! »

Est-ce qu'ils vous laisseront vous gaver de canapés ? Probablement pas. L'un d'entre eux s'interposera entre vous et le cabaret et dira :

« Hé, si tu y as droit, j'y ai droit aussi. Comment on se qualifie ? Qu'est-ce qu'il faut faire ? Comment ça fonctionne ? »

La partie la plus difficile en marketing de réseau est réglée : le prospect vous demande une présentation.

À ce stade de la conversation, plusieurs options s'offrent à vous :

#1. Leur remettre un CD.
#2. Leur remettre une brochure.
#3. Les référer à un site internet ou une page web.

#4. Paniquer et dire que vous ne connaissez pas encore tous les détails, mais que quelqu'un (votre recruteur) les appellera sous peu.
#5. Les inviter à une présentation d'affaire.
#6. Leur remettre un échantillon de produit de votre compagnie.
#7. Céduler un rendez-vous pour leur donner l'information le lendemain.
#8. Les inviter à se joindre à un appel conférence avec quelqu'un de votre équipe (recruteur).
#9. Céduler une rencontre avec vous et votre recruteur dans un resto.
#10. Faire une « Présentation Une Minute ».
#11. Leur raconter « l'histoire de deux minutes » qui s'adresse à leur subconscient.

Et si vous aviez des notions plus avancées, vous pourriez faire encore plus. Mais vous avez déjà amplement d'options qui s'offrent à vous, même si vous êtes tout nouveau en marketing de réseau.

Rappelez-vous, la partie la plus difficile est réglée : votre prospect vous demande une présentation.

Vous commencez à saisir la formule ?

Facile. La formule est :

« Je viens juste de découvrir... » suivi d'un bénéfice.

Mais vous vous dites peut-être : « Hé, attends une minute ! Ces Brise-Glaces sont tous axés sur l'opportunité d'affaire. Moi j'aimerais parler de mes produits et services ! »

Ok, mettons la formule à l'épreuve avec des produits et services courants en marketing de réseau. Nous utiliserons exactement la même formule : « Je viens juste de découvrir ... » suivi d'un bénéfice. Prêts ?

Produits de nutrition :

- Comment on peut se lever une heure plus tôt chaque matin et se sentir comme Superman.
- Comment on peut s'endormir en moins de 7 minutes en posant la tête sur l'oreiller.
- Comment retrouver l'énergie et la fougue de nos 16 ans mais avec plus de jugement.
- Comment avoir plus d'énergie que nos petits-enfants.
- Comment développer un système immunitaire infaillible pour que plus rien ne puisse nous arrêter.
- Comment on peut protéger nos enfants contre tous ces germes à l'école.
- Comment avoir assez d'énergie après le travail pour avoir le goût de danser une fois à la maison.
- Comment avoir tellement d'énergie que notre entourage songe à nous administrer un tranquillisant.
- Comment on peut intégrer des fruits et des légumes dans la diète des enfants incognito.

Produits de soin de peau :

- Comment on peut faire retrouver la peau de nos 20 ans en seulement 45 secondes par jour.
- Comment on peut repousser les rides d'une vingtaine d'années.
- Comment on peut faire rajeunir notre peau durant le sommeil.
- Comment rendre notre peau d'apparence si jeune qu'on ne peut plus commander d'alcool au restaurant. (OK, un peu exagéré mais, il faut bien s'amuser un peu !)
- Comment on peut améliorer l'acné de nos filles en seulement 9 jours.
- Comment on peut protéger notre peau contre les hivers de plus en plus rudes.

Produits de perte de poids :

- Comment on peut perdre cinq livres dans les dix prochains jours.
- Comment ne plus jamais avoir à faire la diète.
- Comment on peut perdre du poids facilement en prenant un breuvage spécial au déjeuner.
- Un produit qui nous évite de se sentir affamé en permanence.
- Comment perdre du poids de façon permanente.
- Comment on peut transformer notre corps en machine à bruler les gras.
- Qu'il est possible de perdre du poids en dormant.

- Comment perdre du poids rapidement sans avoir à se lancer dans une diète.
- Comment perdre du poids sans avoir à s'inscrire au Gym.

Produits de voyages :

- Comment s'offrir des vacances « cinq étoiles » pour le prix d'une simple chambre d'hôtel.
- Comment on peut voyager au prix de gros plutôt qu'au prix de détail.
- Comment se permettre de parcourir le monde avec ses valises plutôt que sur des photos.
- Comment s'offrir des vacances qui font l'envie des voisins.
- Comment se payer des vacances de luxe d'une semaine tous les trois mois.
- Comment graver des souvenirs de famille mémorables en faisant le voyage d'une vie.

Produits d'entretien ménager non toxiques :

- Comment on peut faire briller la maison sans produits chimiques toxiques.
- Comment on peut remplacer nos produits d'entretien toxiques par des produits sécuritaires naturels pour ne plus s'inquiéter de la santé de nos enfants.
- Qu'il est possible de protéger l'environnement en utilisant des produits d'entretien écologiques.

- Comment faire quelque chose de bien pour notre planète, et c'est très simple.
- Une option intéressante pour ne pas avoir à mettre des barrures sur les panneaux d'armoires.

Produits financiers :

- Comment utiliser notre épargne pour payer nos primes d'assurance.
- Comment on peut prendre une retraite anticipée sans avoir besoin d'augmentation de salaire.
- Comment épargner pour la retraite tout en laissant le gouvernement payer la facture.
- Qu'il est possible d'avoir plus d'argent à dépenser en changeant notre façon de payer les factures.
- Comment on peut sortir de l'endettement rapidement en faisant un changement tout simple.

Produits pour animaux domestiques :

- Comment faire en sorte que nos animaux vivent encore plus longtemps que nous.
- Une fontaine de jouvence pour nos animaux domestiques.
- Comment on peut offrir à nos animaux de compagnie la meilleure nutrition sur le marché.

De plus en plus facile n'est-ce pas ? Faire en sorte que les gens vous supplient d'avoir une présentation est presqu'un jeu d'enfant. Il suffit de passer maître dans l'art d'utiliser le Brise-Glace #1, et vous n'aurez plus jamais de difficulté à remplir votre carnet de rendez-vous.

EST-CE QUE ÇA FONCTIONNE AVEC LES PROSPECTS « À FROID »?

Voyons voir.

Si vous avez déjà établi une connexion avec votre prospect, alors votre Brise-Glace semblera naturel et non invasif.

Construire un lien ne devrait prendre que quelques secondes. Si vous n'avez pas encore apprivoisé l'art de créer une connexion en quelques secondes, alors je vous recommande de lire cet excellent livre de mon auteur favori : moi.

Il s'intitule : « Comment établir instantanément, Confiance, Crédibilité, Influence et Connexion ! 13 façons d'ouvrir les esprits en s'adressant directement au subconscient. », et vous pourrez trouver ce livre sur : BigAlBooks.com

Fin de la parenthèse. Disons que vous avez établi la connexion dans les premières secondes, que pourriez-vous dire à de purs étrangers ?

Le commis à la réception de l'hôtel.

À la suite de votre soirée d'opportunité d'affaire, vous pourriez par exemple discuter avec le commis à la réception de l'hôtel. Après avoir établi la connexion, vous pourriez dire :

« Je viens juste de découvrir comment il est possible de ne plus jamais avoir à travailler le soir. Si jamais tu souhaites en savoir plus, ça me fera plaisir de partager l'info avec toi. En passant, où sont les toilettes ? »

Et si le commis à la réception laissait présager un certain sens de l'humour, vous pourriez lancer :

« Hé ! Je viens juste de découvrir comment générer un chèque de temps plein et ne plus avoir à travailler la nuit. Si la perspective t'intéresse, je t'explique avec plaisir ! D'ici là, passe une belle nuit derrière ton comptoir disons... jusqu'à 5 heures du matin ? »

Naturellement, il appartient au commis à la réception de décider s'il préfère continuer à travailler la nuit ou s'il désire explorer changer de situation. S'il y a une ouverture, nous savons qu'il demandera une présentation.

Commencez-vous à réaliser que les Brise-Glaces peuvent ouvrir beaucoup de portes ? Et surtout, que leur efficacité repose sur des mots et des formules éprouvées ?

Bien entendu, je n'ai rien contre le fait d'avoir une attitude du tonnerre, un tableau de rêves, des affirmations positives, de chanter la chanson thème de la compagnie chaque matin, de sauter dans les airs plus haut que tout le monde lors du congrès, etc. Tout cela est très bien.

Mais même si vous pouviez léviter jusqu'à votre prospect grâce à une motivation personnelle surnaturelle, **vous devriez quand même dire quelque chose**. Et ce sont les mots qui sortiront de votre bouche qui feront la différence.

À la station service.

Si je suis dans une ville étrangère, je fais le plein comme tout le monde à la pompe. Mais dans votre ville, est-ce que vous payez à la pompe ou au commis à l'intérieur ?

Laissez-moi vous faire une recommandation. Très peu de pompes à essence joindront votre entreprise de marketing de réseau ; votre prospect est à l'intérieur.

Après avoir fait le plein, j'entre toujours l'intérieur pour payer. Que savons-nous à propos du commis au comptoir de la station service ?

- Est-ce que cette personne est bien payée ou sous-payée ?
- Est-ce que cette personne aime ou déteste son travail ?
- Est-ce que cette personne aime travailler le soir et protéger l'argent de quelqu'un d'autre ?
- Est-ce que cette personne apprécie son rôle de cible humaine pour les criminels ?
- Est-ce que cette personne aimerait plus d'argent et une perspective d'avenir plus réjouissante ?

Cette personne semble être un excellent prospect n'est-ce pas ? Alors je me dirige vers le comptoir pour payer et je dis tout simplement quelque chose comme :

« Hé ! Je viens de découvrir comment recevoir un remboursement de taxes de 200$ par mois. Si le tuyau t'intéresse, je le partage avec toi volontiers. En attendant, voici ma carte de crédit. »

Facile n'est-ce pas ? S'il n'est pas intéressé, il se concentre sur ma carte de crédit... et s'il est intéressé, il demande plus d'information et donc, une présentation.

J'aurais aussi pu lui dire :

« Hé ! Je viens juste de découvrir comment générer un chèque de paye supplémentaire pour éviter d'avoir à travailler comme des dingues. Si jamais ça t'intéresse, je t'explique avec plaisir. D'ici là, ajoute cette boisson diète et ces 44 tablettes de chocolat à ma facture s.v.p. »

Vous vous dites probablement : « Bonne idée, je vais m'arrêter dans 30 stations service en revenant à la maison et acheter 1$ d'essence à chaque endroit. Ça me fera 30 nouveaux prospects ! »

Et bien, je suis convaincu que le commis de la station service remarquera le fait que vous n'achetez que 1$ d'essence pour lui parler, et ça n'est probablement pas l'image que vous désirez laisser à un prospect n'est-ce pas ?

Mais laissez aller votre imagination. Vous pouvez toujours vous arrêter à 30 stations service et simplement demander des indications pour vous rendre... chez vous !

Et pourquoi pas la serveuse ?

Si vous ne vous arrêtez pas pour faire le plein d'essence, vous pouvez toujours vous arrêter pour une tasse de café ! Vous pouvez alors discuter avec la serveuse et établir la connexion pour ensuite... briser la glace :

« Je viens juste de découvrir comment recevoir un chèque de paye décent sans avoir à servir aux tables le soir. Si jamais tu désires examiner cette option, ça me fera plaisir de t'en parler. En attendant, j'aimerais avoir un peu plus de sucre pour mon café s'il-te-plaît. »

Aussi simple que ça.

Plusieurs distributeurs posent par contre cette question : « Mais si je suis impliqué dans mon entreprise depuis plus de six mois, comment puis-je dire « Je viens juste de découvrir ? »

Bonne question. Trois solutions rapides.

#1. Vous pouvez modifier la formule légèrement en disant : « J'ai découvert... ». Mais l'impact est beaucoup moins significatif qu'avec : « Je viens juste de découvrir » qui fige le cerveau des prospects et les oblige à écouter ce que vous allez dire.

#2. Je parie qu'il y a quelque chose de nouveau dans votre entreprise que vous venez de découvrir. Peut-être un nouveau bonus, une nouvelle qualification, un nouveau produit, une nouvelle utilisation pour un produit, un nouvel ingrédient secret ou encore un nouvel avantage fiscal. Vous pouvez donc en tout temps dire à votre prospect ce que vous venez de découvrir.

#3. Continuez simplement à dire « Je viens juste de découvrir » car personne ne vous en tiendra rigueur. Personne ne se soucie de notre vie de toute façon car ils sont trop absorbés par la leur. Même si vous leur avez parlé hier, la plupart des gens ont déjà oublié ou, n'écoutaient pas de toute façon. De plus, en 40 ans de carrière en marketing de réseau, personne ne m'a jamais questionné sur l'exactitude temporelle de : « Je viens juste de découvrir » dans mes approches.

Je crois que bien souvent, on s'imagine être un élément important dans la vie des autres mais la réalité est qu'ils sont totalement absorbés par eux-mêmes et leurs problèmes, et non par nous.

C'EST LA FÊTE !

Disons que je suis votre tout nouveau distributeur, inexpérimenté, sans vocabulaire éprouvé, au tout début de mon apprentissage sur les secrets de la prospection.

Je me pointe à une fête ou une soirée et, qu'arrive-t-il lorsque je désire approcher un étranger ? Je suis hésitant car mes mots pourraient provoquer refus et rejet. Je regarde donc les gens autour et je me dis :

« Hmmm, je me demande s'ils seraient de bons distributeurs ? Mais s'ils me rejettent suite à mon approche... Je ne sais pas quoi leur dire. Ce couple de professionnels ne sera probablement pas intéressé par mon entreprise. Et celui-là a l'air très occupé et ne voudra probablement pas perdre son temps à discuter avec moi. Et puis l'autre là-bas, il me semble plutôt méchant... »

Et vous quittez la fête sans aucun prospect.

Qu'en serait-il si vous vous présentiez à la même fête outillé de Brise-Glaces ? Vous pourriez vous adresser aux mêmes 20 personnes que je n'ai fait que regarder et juger à distance, et vous repartiriez avec cinq ou six rendez-vous pour des présentations.

Vous remarquez une différence de résultats entre nos soirées respectives ? C'est l'évidence même. Vous avez utilisé des « mots éprouvés » pour dénicher des prospects qui vous supplient de leur faire une présentation, sans aucune forme de rejet. Cette soirée était agréable pour vous et une expérience déprimante pour moi.

Rappelez-vous, exactement le même bassin de prospects, mais des résultats totalement différents.

N'ESSAYEZ PAS CELA, ÇA N'EST QU'UN EXEMPLE.

Prospecter efficacement ne veut pas dire de trouver la bonne personne. Le succès de la prospection réside plutôt dans le fait de savoir exactement quoi dire et quoi faire. Nous créons nos résultats.

Si vous ne me croyez pas, imaginez cette situation. Vous marchez à l'extérieur et apercevez un étranger dans la rue. Vous vous dirigez droit vers lui et lui tendez un billet de 100$ en argent.

D'après vous, est-ce que l'étranger risque de réagir ? Bien sûr !

Peut-être qu'il vous fera une grosse accolade, ou hurlera qu'il vient de gagner à la loterie ou encore, qu'il vous demandera : « Avez-vous d'autre argent à me donner ? »

Bref, vous obtiendrez à coup sûr une réaction de la part de l'étranger.

Modifions légèrement le scénario pour mieux comprendre l'impact de notre approche.

Vous marchez et vous apercevez le même étranger dans la rue. Cette fois ci, vous marchez vers lui et vous lui mettez votre poing à la figure !

Est-ce que l'étranger risque de réagir ? Bien sûr !

L'étranger vous frappera au visage en retour ou encore, s'exclamera : « Ouch ! C'était violent ! »

Cette fois encore vous obtiendriez une réaction de la part de l'étranger.

Alors voici la grande question.

Est-ce que la réaction de cet étranger a quoi que ce soit à voir avec ce qu'il est ? Ou est-ce que sa réaction est totalement reliée à ce que vous avez fait et/ou dit ?

Voilà qui illustre parfaitement la dynamique de la prospection. La plupart du temps, ça n'a rien à voir avec le prospect. Souvenez-vous que les prospects sont pré-qualifiés. Ils réagissent simplement à la façon dont nous les approchons. Avez-vous pris soin d'établir la connexion ? Votre Brise-Glace était-il efficace ?

À bien y penser, c'est une excellente nouvelle car cela implique que nous avons le plein contrôle sur la prospection et que la chance n'a rien à voir avec nos chances de réussite.

Alors questionnons-nous sur nos Brise-Glaces et les réactions qu'ils génèrent :

« Est-ce que le Brise-Glace que vous utilisez transforme votre prospect en candidat enthousiaste cherchant à se joindre à votre équipe ? Ou, s'il transforme votre prospect en candidat négatif qui cherche une façon de se débarrasser de vous ? »

FORMULE #2.

J'adore les mots : « Est-ce que ça t'irait si. »

Les humains sont esclaves des programmes qui opèrent dans leur subconscient. Un de ceux-ci nous dicte par exemple : « Si quelqu'un, quelque part, peu importe le moment, prononce les mots : « Est-ce que ça t'irait si », nous devons répondre par : « OUI ! »

Ça n'est pas une blague. Notre cerveau décide que c'est « OUI » avant même d'entendre la fin de la phrase. C'est dément ! Mais c'est comme ça qu'il fonctionne. Si ce qui suit la séquence de mots est considéré comme raisonnable, la réponse est presque toujours « Oui ! »

Beaucoup de programmes sont affectés par ces sept mots, mais ça n'est pas important pour le moment. Ce qui est important, c'est que ça fonctionne.

Vous ne me croyez pas ? Faites ou... adoptez un enfant !

Les enfants sont des petits êtres sans pouvoir ni argent mais, ils obtiennent tout de même presque tout ce qu'ils veulent. Ils connaissent l'efficacité de certaines séquences de mots. Ils les apprennent par essais/erreurs semble-t-il ; mais je suspecte parfois qu'il existe un réseau privé d'enfants qui partagent leurs techniques de manipulation secrètes.

Votre fille vous a-t-elle déjà dit...

« Maman, papa, est-ce que ça vous irait si je faisais plutôt mes devoirs samedi ? »

« Maman, papa, est-ce que c'est OK si je dors à la maison de Heather ce soir ? »

« Maman, papa, est-ce que ça vous conviendrait si Cindy venait avec nous au centre commercial ? »

À quel endroit croyez-vous que j'ai déniché ma collection de séquences magiques ? De ma fille, naturellement. C'est une professionnelle et, bien sûr, elle a toujours obtenu à peu près tout ce qu'elle désirait.

Il y a beaucoup de puissance dans les sept mots : « Est-ce que ça t'irait si », alors utilisons-les pour amener nos prospects à dire « Oui » tout de suite. Parce qu'une fois que notre prospect a dit « Oui », il est facile de céduler une présentation.

C'est une façon formidable et « sans rejet » de briser la glace et d'introduire notre entreprise dans les conversations de tous les jours.

Voici donc la formule #2 :

« Est-ce que ça t'irait si » + bénéfice = super Brise-Glace.

Prêts pour quelques exemples ? Parlons d'abord de notre opportunité d'affaire :

- Est-ce que ça t'irait si tu n'avais plus jamais à te pointer au travail ?
- Est-ce que ça t'irait si tes fins de semaine avaient 5 jours plutôt que 2 ?
- Est-ce que ça te conviendrait de gagner plus d'argent ?
- Est-ce que ça te plairait de pouvoir vendre ton réveil matin à ton voisin ?
- Est-ce que ça t'irait de pouvoir te lever à l'heure qui te plaît, même à midi ?
- Est-ce que ça t'irait de pouvoir congédier ton patron ?
- Est-ce que ça te conviendrait de ne plus jamais avoir à faire des heures supplémentaires ?
- Est-ce que ça t'irait de ne plus avoir à travailler en soirée, plus jamais ?
- Est-ce que ça te plairait de travailler de la maison et ne plus vivre d'embouteillages ?
- Est-ce que ça te conviendrait de pouvoir choisir tes propres heures de travail ?
- Est-ce que ça t'irait de pouvoir rester à la maison avec les enfants ?
- Est-ce que ça plairait de pouvoir libérer ton mari de son travail ?
- Est-ce que ça te conviendrait de recevoir un chèque de plus pour offrir l'école privée à tes enfants ?
- Est-ce que ça t'irait de gagner un revenu de gangster mais en aidant les gens ?
- Est-ce que ça te conviendrait de pouvoir prendre ta retraite en finissant le Collège ?

Il est facile de faire dire au prospect : « Oui, donne-moi tous les détails ! »

La tâche la plus difficile dans le développement de notre entreprise est accomplie. Le prospect est maintenant intéressé par ce que vous allez partager avec lui.

Encore une fois, quelques uns d'entre vous se disent probablement : « Hé, attends une minute ! Cette Formule #2 de Brise-Glace ne parle que d'opportunité d'affaire. Je préfèrerais parler de mes produits et mes services. »

Bon d'accord. Explorons quelques exemples de produits et services au hasard. Nous allons utiliser la même formule : « Est-ce que ça t'irait si » en ajoutant un bénéfice. À vos marques, prêts, allons-y !

Produits de nutrition :

- Est-ce que ça te plairait d'avoir plus d'endurance que tes compétiteurs ?
- Est-ce que ça t'irait de pouvoir soulager ton arthrite naturellement ?
- Est-ce que ça te plairait de dormir comme un bébé simplement en buvant ce jus une fois par jour ?
- Est-ce que ça te dirait de garder tes parents en santé plus longtemps ?
- Est-ce que ça t'irait de te sentir en super forme toute la journée grâce à ces comprimés magiques ?
- Est-ce que ça te conviendrait de ralentir le vieillissement de ton corps ?

- Est-ce que ça t'irait d'essayer de la nourriture biologique pour réduire tes allergies ?

Produits de soin de peau :

- Est-ce que ça t'irait de ne plus jamais avoir à te soucier de ton acné ?
- Est-ce que ça te plairait de réduire tes ridules et tes rides en moins de 7 minutes ?
- Est-ce que ça te plairait si ta peau pouvait respirer durant toute la journée ?
- Est-ce que ça te dirait de protéger ta peau contre le soleil sans te sentir huileuse ?
- Est-ce que ça te plairait d'avoir l'air plus jeune que ta fille ?
- Est-ce que ça t'irait si ta peau rajeunissait durant ton sommeil ?

Pour les produits de diètes :

- Est-ce que ça te plairait si les gens cessaient de t'appeler « Bouboule » ?
- Est-ce que ça te plairait si ton métabolisme brulait des gras 24 heures par jour ?
- Est-ce que ça te conviendrait de perdre du poids tout en continuant à manger comme avant ?
- Est-ce que ça te plairait de perdre du poids en grignotant ces tablettes entre les repas ?
- Est-ce que ça te dirait de perdre 15 livres avant de te marier ?

- Est-ce que ça t'irait de perdre 20 livres avant les retrouvailles ?
- Est-ce que ça te plairait de continuer à manger du chocolat tout en perdant du poids ?

Pour les services :

- Est-ce que ça te dirait de réduire ta facture d'électricité ?
- Est-ce que ça t'irait de payer moins cher pour tes factures d'essence et d'électricité ?
- Est-ce que ça te plairait de recevoir des rabais sur tes factures de services ?
- Est-ce que ça te dirait de profiter de rabais plutôt que de payer le prix de détail ?
- Est-ce que ça t'irait si ta facture de services était plus facile à déchiffrer ?

Pour les bijoux :

- Est-ce que ça te dirait de pouvoir t'offrir des accessoires à peu de frais ?
- Est-ce que ça te plairait si tes bijoux mettaient en valeur tes principaux atouts ?
- Est-ce que ça te plairait si tes bijoux s'agençaient à ta garde-robe ?
- Est-ce que ça t'irait de porter des bijoux uniques et différents ?
- Est-ce que ça te plairait si tes bijoux provoquaient des « Wow » ?

Pour les voyages :

- Est-ce que ça te dirait d'avoir plus de vacances ?
- Est-ce que ça te plairait de pouvoir voyager en première classe ?
- Est-ce que ça te conviendrait de pouvoir voyager aux destinations qui te font rêver ?
- Est-ce que ça te plairait de pouvoir te sentir « 100% détendu » durant tes vacances ?
- Est-ce que ça te dirait des vacances remplies d'expériences palpitantes ?
- Est-ce que ça t'irait si les prochaines réunions de famille avaient lieu sur un bateau de croisière ?

Pour les produits d'entretien ménager :

- Est-ce que ça te dirait de donner un coup de pouce à l'environnement ?
- Est-ce que ça t'irait d'utiliser un détergent à lessive aussi efficace, mais biodégradable ?
- Est-ce que ça te conviendrait si tous tes produits d'entretien étaient naturels et sécuritaires ?

Pour les services financiers :

- Est-ce que ça te plairait si tes factures se payaient plus rapidement ?
- Est-ce que ça te dirait des plus petits paiements ?
- Est-ce que ça te conviendrait des primes d'assurance abordables ?

- Est-ce que ça t'irait de pouvoir épargner pour l'avenir en faisant un simple petit changement ?
- Est-ce que ça te conviendrait de payer moins d'impôt ?

Alors, est-ce que ça vous conviendrait d'essayer quelques unes de ces approches avec les prochains prospects que vous croiserez ?

FORMULE #3 (LES MEILLEURS PROSPECTS).

Posez-vous cette question : « Est-ce que les gens autour de moi sont généralement positifs ou négatifs ? »

La plupart des gens notent que la majorité des gens qui gravitent autour d'eux sont foncièrement négatifs. Très peu d'entre nous ont donc suffisamment de chance pour vivre dans un cercle social optimiste et positif.

Regardons les choses en face : la plupart des gens sont négatifs. Pourquoi ?

Parce qu'ils sont désabusés envers la société et déprimés par leur routine quotidienne. Ils ont laissé leur patron manipulateur détruire leurs rêves et sont stressés par les embouteillages au quotidien... la vie quoi !

Et c'est parfait !

L'objectif de toute entreprise est de régler les problèmes des gens. Si les gens n'avaient pas de problèmes, les entreprises n'auraient aucune raison d'exister.

Si personne n'avait d'appétit, vous ne voudriez sûrement pas opérer un restaurant.

Si tous les gens étaient en santé toute leur vie, vous ne voudriez pas vendre des vitamines.

Si personne n'avait besoin de sommeil, vous feriez faillite en tant qu'hôtelier.

En fait, vous devriez souhaiter que les gens vivent des problèmes !

Il y a quelques temps, je devais donner un atelier en Ukraine, sur la mer noire. Quelques leaders m'ont accueilli à l'aéroport et ont tout de suite commencé à m'énumérer les problèmes de leur entreprise. Voici à peu près ce qu'ils disaient :

> « En Ukraine, personne n'a d'argent. Ils ne peuvent pas se payer un ensemble de démarrage. Nos produits de santé sont trop dispendieux. Nos produits de soins de peau aussi. Personne ne peut acheter nos produits. L'économie est terrible. La vie est très difficile ici en ce moment. Et... on aimerait que vous arrangiez tous ces problèmes pour former nos 500 distributeurs à l'atelier de demain ! »

Le jour suivant, j'ai expliqué aux 500 distributeurs que si les gens n'avaient pas de problèmes, il n'y aurait pas de potentiel d'affaire. Je leur ai posé quelques questions pour les faire réfléchir :

> « Est-ce que les Ukrainiens désirent vivre plus longtemps ? »
> « Est-ce que les Ukrainiens veulent avoir des enfants en santé ? »

« Est-ce que les Ukrainiens aimeraient retarder l'apparition des rides ? »
« Est-ce difficile de vivre d'un seul salaire en Ukraine ? »
« Est-ce que les Ukrainiens veulent plus d'argent ? »
« Est-ce que les Ukrainiens sont ouverts à une option pour améliorer leur qualité de vie ? »

Époustouflant ! La réponse du groupe fut unanime. Ils étaient maintenant excités par le fait de vivre dans un pays avec autant de problèmes ! Les distributeurs espéraient maintenant davantage de problèmes à régler.

Rappelez-vous que si quelqu'un a un problème, c'est un prospect. Tenez-vous loin des gens positifs ; ils ne sont pas de bons prospects ! (C'est une blague.)

Maintenant, écoutez le discours de vos distributeurs.

« Rrrrr ! Je n'ai pas de prospects. Tout le monde que je connais est tellement négatif ! »

Et bien, si c'est le genre de réflexion que vous entendez, vous savez maintenant que vous n'avez pas fait un coaching adéquat. Vos recrues n'ont tout simplement pas compris que les problèmes sont nos amis. On adore les gens négatifs.

Les gens négatifs sont les meilleurs prospects. Vous devriez tout faire pour les localiser.

Voici ce que j'aime le plus chez les gens négatifs :

1. Ils ont un problème.
2. Ils savent qu'ils ont un problème. (Certaines personnes ont des problèmes mais ne le savent pas. Les

gens négatifs ont une longueur d'avance car ils s'en plaignent ouvertement).

3. Ils ont l'option de régler leur problème grâce avec notre solution ou encore, de continuer à s'en plaindre parce que ça les rend heureux d'être aussi malheureux.

Pourquoi ne pas en profiter.

Le prochain Brise-Glace vous oblige à trouver tout un tas de gens négatifs. (Au Texas, nous appelons ce groupe « la famille et les amis. »)

La première étape est de les écouter se plaindre, gémir et pleurer sur leur sort. Puis, lorsqu'ils prendront enfin une pause pour respirer, vous pourrez poser la question suivante :

« Aimerais-tu faire quelque chose pour arranger ça ? »

Petite révision. Le prospect...

1. A un problème.
2. Sait qu'il a un problème.
3. Vous lui offrez un choix : arranger le problème ou non.

Vous avez terminé !

Quelles sont les deux réponses possibles ?

« Oui » ou « Non ».

S'il répond : « Oui, j'aimerais changer les choses ! » ; KACHING ! Le tour est joué. Prenez l'argent pour commander leur produits, remplissez le formulaire de distributeur et faites ce que vous avez à faire.

Le prospect a pris la décision de régler le problème.

J'adore cette technique. Dans une salle de 100 personnes, je peux rapidement dénicher 20 ou 30 personnes qui désirent régler leur problème. Demandez tout simplement : « Aimerais-tu faire quelque chose pour arranger ça ? », et tout le reste est facile.

Maintenant, il pourrait aussi répondre : « Non, je ne veux pas régler ça. ». Alors vous n'auriez qu'à répondre : « Ah bon, et quoi d'autre ne va pas dans ta vie ? ». Le prospect pourra alors continuer à énumérer la multitude de choses qui empoisonnent sa vie. Naturellement, vous vous éclipsez en douce à la première opportunité.

Pensez-y. Si le prospect dit « Non » et que je lui demande quels sont ses autres problèmes, en aucun temps je lui ai mentionné que j'ai un produit ou une opportunité pour solutionner son problème. Nous n'avons que discuté.

Il n'y a donc aucune possibilité de se sentir rejeté, d'un coté comme de l'autre !

Vous vous demandez probablement pourquoi certains prospects répondent : « Non, je ne veux pas régler ce problème. » J'adore les gens négatifs ! Et bien j'ai ma petite théorie là-dessus : certains prospects choisissent de répondre « Non » parce qu'ils le pensent vraiment. C'est la raison pour laquelle ils ont choisi le mot « Non ».

« Non » ne veux pas dire : « Harcèle-moi pour les 52 prochaines semaines s'il-vous-plait... »

« Non » ne veut pas dire : « S'il-te-plait, utilise ta programmation neurologique subliminale de Ninja pour me convaincre... »

« Non » veut tout simplement dire « Non ». Laissez-les tranquilles. De cette façon, vous pourrez conserver votre famille et vos amis et, vous ne serez pas rayés des listes d'invités aux mariages et aux funérailles.

Tout ce que vous voulez, c'est de faire affaire avec des gens qui désirent régler leur problème.

Le défi est que la plupart des gens ne vous diront pas « Non » de façon claire. Ils ont peur que vous vous mettiez à argumenter avec eux ou, ils ont peur de vous blesser. Ils désirent être polis et éviter de vous mettre dans l'embarras. Alors afin de vous dire « Non » tout en sauvant la face, ils vont vous pondre une excuse imaginaire pour vous signifier qu'ils ne veulent pas de votre solution. Bref, ils vous diront « Non » en code secret.

Les nouveaux distributeurs ne comprennent pas ce code. Ils croient devoir argumenter face aux objections imaginaires. Mais une fois que le nouveau distributeur saisit que le prospect dit « Non » sous forme de code, il peut alors laisser le prospect tranquille et poursuivre son chemin.

Laissez-moi vous donner un exemple de « Non » en code secret.

Je vous invite chez moi pour souper. Vous vous pointez à l'heure prévue et vous remarquez que ma maison est peinte intégralement de couleur « mauve vif », même les fenêtres !

Je vous demande à votre arrivée : « Alors, comment trouvez-vous ma maison ? »

Vous vous dites : « Hmmm, je n'ai pas encore été nourri, alors je dois être poli. »

Vous répondez donc : « C'est très intéressant. Quelle belle couleur. C'est unique ! »

Voici comment se traduit ce code secret : « Ouaaaaaaach ! C'est horrible. Ta maison mauve me donne le goût de vomir ! »

Si vous ne savez pas reconnaître le « Non » en code secret, vous allez perdre un temps précieux. Vous allez irriter tout un tas de gens. Et vous n'aurez plus assez de temps disponible pour trouver les prospects intéressants : ceux qui désirent régler leur problème.

À quoi peut ressembler ce code secret dans votre entreprise de marketing de réseau ?

Exemple #1 : Vous revenez à la maison un soir et votre tante vous attend. À votre arrivée, elle se lance :

> « Mes chevilles me font souffrir. Mes genoux me font mal. Mes hanches aussi. Mon dos est en compote. Mes épaules sont en miettes. Mon cou est figé. J'ai des migraines. J'ai des reflues gastriques. J'ai cinq maladies connues, quatre maladies inconnues. Trois maladies qui n'ont pas encore été découvertes… »

Et quand ma tante prends finalement une seconde pour respirer, vous lui dites : « Aimerais-tu faire quelque chose pour te sentir mieux ? »

Si elle dit : « Oui ! » ; KACHING ! Terminé. Prenez son argent et donnez-lui quelques produits.

Quelle est l'autre réponse possible ? « NON ».

Mais votre tante ne vous dira jamais « Non » de façon simple et directe. Elle vous dira « Non » en code secret. Voyons si vous pouvez reconnaître le code dans la réponse de votre tante.

Vous lui dites : « Aimerais-tu faire quelque chose pour te sentir mieux ? »

Et elle répond : « Oh, je suis sous la surveillance de mon médecin. »

C'est un « Non ».

Ou si elle répond : « Et bien, les enfants me visitent plus fréquemment quand je prétends être malade. »

C'est un « Non ».

Ou si elle dit : « Et biens si j'allais mieux, je n'aurais plus aucun sujet de conversation n'est-ce pas ? »

C'est un « Non ».

Ou si elle répond : « Bien, ma mère est morte jeune. Ma grand-mère est morte jeune. Je veux mourir jeune tout comme elles. »

C'est aussi un « Non ».

Ou si elle répond : « Bof, rien me fonctionne sur moi, je suis un cas spécial. »

C'est « Non ».

Elle pourrait aussi répondre : « Hmmm, je ne peux pas avaler de pilules ni aucun liquide. »

C'est encore une fois un « Non ».

Alors quand votre tante dit « Non » en code secret, vous lui répondrez tout simplement : « Et il y a autre chose qui te fait souffrir ? »

Écoutez-la se plaindre des nids de poules que la ville n'a pas réparés, etc., attrapez votre beau-frère déplaisant et placez-le entre vous et votre tante le temps de disparaître pendant qu'elle poursuit son monologue.

Quand un prospect vous dit « Non », la prochaine chose à dire est : « Y a autre chose qui te dérange ? »

En moins d'une minute et sans aucun sentiment de rejet, vous avez déterminé que cette personne n'est pas un bon prospect. Certaines personnes adorent se plaindre tout simplement. C'est facile n'est-ce pas ?

Laissez-moi vous donner quelques exemples supplémentaires.

Vous vous rendez chez vous ce soir et votre tante vous attend. Lorsque vous entrez, elle vous lance :

> « Oh misère, ma peau est tellement sèche, elle floconne de partout ! Quand mes chiens sautent sur le sofa, on dirait qu'une tempête de neige fait rage dans le salon avec tous ces flocons de peau en suspension. Et puis, j'ai ce cercle de peau grasse au beau milieu du front. Et

une crise d'eczéma aigüe dans le cou. J'ai des rides si profondes que je peux emmagasiner de la nourriture dedans ! »

Quand elle reprend finalement sa respiration, vous lui dites : « Aimerais-tu faire quelque chose pour améliorer ta condition ? »

Si elle dit « Oui » ; KATCHING ! Travail accompli. Vendez-lui quelques produits pour soigner sa peau.

Et, quelle est l'autre réponse possible ? « Non ».

Mais souvenez-vous, elle ne vous dira jamais « Non ». Elle vous répondra que ça ne l'intéresse pas en **code secret**. Voyons si vous pouvez reconnaître le code cette fois.

Votre tante vous répond :

> « Et bien, ce cercle de peau grasse au milieu de mon front aide mon chapeau à mieux glisser à sa place. Je suis allergique à tout. Ma belle sœur vend la seule marque de crème que je puisse utiliser. Et quand mes chiens sautent sur le sofa, ça me rappelle les hivers de mon enfance. »

Qu'allez-vous dire pour relancer la conversation ?

« Et quoi d'autre te fait souffrir ? »

Et votre tante continuera à parler des autres problèmes de sa vie tandis que vous disparaissez à la première occasion.

Que diriez-vous d'un exemple au bureau ? Vous êtes au travail et vous faites une pause près de la machine à café lorsque Joe s'approche de vous et dit :

> « Ma voiture est tombée en panne ce matin et je n'ai pas d'argent pour la réparer. Je viens de recevoir mes relevés de cartes MasterCard, Visa et American Express. Je n'ai pas pu payer mon assurance auto le mois dernier et je dois faire un paiement de voiture cette semaine. J'ai deux paiements d'hypothèque en retard. Mon patron n'accepte pas de me donner une augmentation. Et je n'ai pas trouvé d'argent pour m'offrir des vacances l'année dernière... »

Et quand Joe reprend finalement son souffle, qu'allez-vous lui dire ?

« Aimerais-tu améliorer ta situation financière ? »

Si Joe répond : « Oui » ; KATCHING ! Invitez Joe à une présentation, donnez-lui un CD, un DVD, envoyez Joe sur votre site internet, dîner avec lui et recrutez-le dans votre entreprise. Beaucoup d'options s'offrent à vous.

Quelle est l'autre réponse possible ? « Non ».

Voyons si vous pouvez percer à jour le code secret dans la réponse de Joe :

> « Et bien, il ne me reste que 44 ans avant de prendre ma retraite, et je ne veux pas foutre ça en l'air. Et puis c'est pyramidal ton truc. Mon père est mort fauché, mon grand-père est mort fauché et je veux mourir fauché comme eux. Rien de bon ne m'arrive jamais. Je

n'ai pas d'argent. Je ne connais personne. Je ne connais que trois personnes et deux d'entre-elles me détestent. Et quand j'ai terminé d'écouter mes huit heures de télévision chaque soir, je n'ai plus de temps pour faire quoi que ce soit d'autre. »

Joe est en train de nous dire « Non ». Alors comment allez-vous enchaîner ?

« Il y a surement autre chose qui ne va pas dans ta vie n'est-ce pas ? »

Tout ce que vous avez à faire, c'est de trouver des gens qui se plaignent, gémissent et pleurent. Vérifiez rapidement s'ils désirent régler leur problème et, ne choisissez que les volontaires !

Je parie que vous êtes impatients de rencontrer des gens négatifs ; ce sont les meilleurs !

Je dois cependant vous mettre en garde contre une chose.

Si vous demandez sans cesse « Aimerais-tu régler ton problème ? », et bien après un certain temps, vos parents et amis vont remarquer une tendance. Ils cesseront alors de se plaindre devant vous car ils vont appréhender votre question.

Hmmm... à bien y penser, c'est une bonne chose n'est-ce pas ?

Voyez la prospection de cette façon : on ne veut pas irriter les gens, on veut simplement aider les gens qui ont des problèmes et qui désirent les régler.

Vous pouvez utiliser ce Brise-Glace avec pratiquement n'importe quel produit. Laissez-moi vous donner un exemple.

J'ai un surplus de poids et il faudrait être aveugle pour ne pas le remarquer. Alors je vous dis :

> « Et bien, tu sais, j'ai bien essayé de perdre du poids mais c'est très, très difficile pour moi. J'ai vraiment de gros os. De plus, j'ai un problème de métabolisme. J'ai essayé un régime de beignes pendant un bout de temps parce qu'il y a un gros trou dans le milieu ; mais je n'ai pas perdu de poids. Et j'ai acheté des tas de DVD d'exercices. Je me suis fait une ampoule sur le pouce à force d'appuyer sur l'avance rapide et je n'ai toujours pas perdu de poids... »

Et quand je fais une longue pause pour reprendre mon souffle, vous dites : « Aimerais-tu faire quelque chose pour vraiment perdre du poids ? »

Si je réponds : « Oui ! », à quel point serait-il difficile de prendre ma commande de produits pour maigrir ? Un jeu d'enfant. Le marketing relationnel est simple quand on sait quoi dire et quoi faire.

Mais comment pourrais-je dire « Non » en code secret si je ne voulais pas régler mon problème poids ?

> « Rien ne fonctionne pour moi. J'ai essayé de faire de l'exercice une fois et, je me suis mis à transpirer abondamment alors je dois être allergique. J'ai des crises d'appétit la nuit. Je dois conserver mes énergies. Et

puis, ça n'est pas du gras, c'est mon muscle abdominal. Toute ma famille est obèse et... »

Rappelez-vous tout simplement de ces mots magiques : « Est-ce que tu aimerais faire quelque chose pour régler ton problème ? »

Et si ça vous semble trop direct, vous pouvez adoucir la formule en disant par exemple :

« As-tu déjà songé à chercher une solution pour régler ce problème ? »

Bien entendu, la question que vous posez est importante. Mais ce qui importe encore plus, c'est que vous écoutiez la réponse pour vous assurer que votre prospect n'est pas en train de vous dire « Non » en code secret.

J'adore les gens négatifs !

FORMULE #4 (CRÉER LES PROSPECTS).

Vous vous dites peut-être :

> « Impossible pour moi d'utiliser le Brise-Glace #3. Tout le monde autour de moi est tellement positif. Je ne rencontre jamais de gens négatifs ! »
> « Quand je prends une pause près de la machine à café, mes collègues ont l'habitude de s'écrier : « Oh mon Dieu, regarde mon chèque de paie. Ils m'ont trop payé encore une fois ! Il n'y a jamais d'embouteillages quand je voyage pour le travail. Mes enfants sont parfaits. Mes équipes sportives gagnent tous leurs matchs. Ma marque de bière favorite est toujours en promotion... »
> « La vie est merveilleuse pour moi. Personne n'a jamais eu de problème ou une seule pensée négative. »

Et bien, si tous vos prospects sont positifs, vous ne pourrez certainement pas utiliser le Brise-Glace #3.

Pour les gens positifs, vous devrez utiliser le Brise-Glace #4 :

Comment induire la négativité !

Vous pouvez induire la négativité instantanément et sur demande avec une phrase toute simple :

« Quels sont tes deux plus gros problèmes ______________ ? »

Vous ne pouvez pas aider quelqu'un s'il n'a aucun problème ! Alors examinons comment ça fonctionne.

Vous revenez par exemple du travail et votre oncle a décidé de vous rendre visite. Avec votre dernière bouteille de bière dans la main, il lance euphoriquement :

> « Ahhh ! Mon équipe sportive favorite a gagné aujourd'hui. Ma bière préférée est en solde. Ma voiture n'a jamais si bien roulé. Elle est si économique en ce moment que chaque matin, je dois retirer le surplus d'essence dans le réservoir. Je me sens dans une forme fantastique ! »

Quelque part dans son monologue vous pourriez demander : « Dis-moi cher oncle, quels sont tes deux plus gros problèmes coté carrière ? »

Et votre oncle s'empresse de répondre :

> « Carrière ? Je n'ai pas de carrière. Le patron veut m'étriper. J'ai dû faire trois jours de temps supplémentaire la semaine dernière. J'ai manqué le concert de violon de ma fille pour préparer des rapports stupides que personne ne lira jamais. Et la personne qui

travaille juste à coté de moi se coupe les ongles à son bureau et ça me tombe sur les rognons... »

Quand votre oncle finira par respirer, comment pourriez-vous enchaîner ?

« Est-ce que tu aimerais faire quelque chose pour régler ça ? »

Et si votre oncle répond : « Oui » ; KACHING ! Pour la suite, référez-vous à la technique de Brise-Glace #3.

Ou encore, à votre retour à la maison, vous faites un arrêt pour un café et la serveuse vous dit :

> « Ahhh ! Beautés désespérées s'est terminé exactement comme je le voulais. C'était merveilleux. Et je viens tout juste de renouveler mon permis de conduire avec une photo décente cette fois. Demain a lieu la grande vente à 50% dans les magasins, j'ai tellement hâte ! Magnifique journée aujourd'hui... »

Vous pourriez alors demander à la serveuse : « Alors quels sont vos deux plus gros problèmes avec le fait de servir des clients le soir ? ». Ce à quoi elle répond :

> « Primo, j'ai manqué la diffusion en direct de Beautés désespérées. J'ai dû regarder la reprise alors que toutes mes amies connaissent déjà la fin. Et en travaillant le soir, je ne vois pas mes enfants quand ils arrivent de l'école. Et vous savez, travailler le soir implique souvent de servir des gens saouls et radins qui ne laissent souvent aucun pourboire... »

Et vous pourriez alors poursuivre : « Aimeriez-vous ne plus avoir à servir aux tables en soirée ? »

Et si elle répond : « Oui » ; KACHING ! Vous connaissez la suite...

Vous revenez à nouveau du bureau et votre tante vous attend à la maison. Elle entame la conversation :

> « La fête d'anniversaire à laquelle j'ai assistée aujourd'hui était merveilleuse. Les robes étaient magnifiques, et les ballons étaient d'une couleur idéale... »

Au moment opportun, vous lui demandez : « Dis-moi chère tante, quels sont tes deux plus gros problèmes de peau ? ». Et voilà que le vent tourne...

> « Ahhhh, mon eczéma est vraiment terrible. Quand je me gratte, je saigne et je souille mes vêtements. Je n'aime pas teindre mes vêtements avec du sang car ça n'est pas à la mode comme dans les années '70. Quand je me gratte, les peaux mortes se dispersent partout et mon chien est allergique aux flocons de peau. Et mes rides, mon Dieu, elles sont si creuses que je n'arrive même pas à en voir le fond. »

C'est le moment de lui dire : « Chère tante, aimeriez-vous faire quelque chose pour améliorer votre peau ? »

Plutôt simple n'est-ce pas ? Vous n'avez qu'à amener les gens à penser à leurs problèmes et leur offrir une chance de changer les choses. Rappelez-vous que notre entreprise repose sur la solution de problèmes.

Je dois encore une fois faire une mise en garde, cette fois-ci pour les réseauteurs dont les produits sont reliés à la santé.

Prudence lorsque vous demandez : « Quels sont vos deux plus grands problèmes _______________ ? »

Cette question ne devrait être posée que par un professionnel du marketing relationnel. Pourquoi ? Et bien c'est une question puissante, mais si vous n'êtes pas prudent, elle pourrait ruiner votre agenda ! Je m'explique.

Disons que vous êtes à une soirée, et que vous demandez à Marie : « Quels sont tes deux plus gros problèmes de santé ? » ; elle pourrait bien vous répondre :

> « Prends toi un siège et installe-toi confortablement. Premier volume, chapitre 1. »

Six heures plus tard, elle parle toujours médicaments, diagnostics, maladies et procédures ! Alors si vous désirez protéger votre temps et éviter de massacrer votre agenda, qu'allez-vous insérer dans la conversation ?

« Marie, aimerais-tu améliorer ta santé ? ». Ou... « Marie, as-tu déjà songé à des façons d'améliorer ta santé ? »

Le bon coté à cette question (deux plus gros problèmes de santé), c'est qu'elle crée des amitiés pour la vie. Vous êtes probablement la première personne qui demande à Marie d'élaborer sur toutes ses maladies. Même ses plus proches parents ne l'ont jamais écoutée. Vous avez donc créé une connexion très forte alors cette petite question pourrait vous fournir des ventes de produits innombrables au fil des années sans compter les références.

Voici d'autres exemples de questions pour induire la négativité :

- Quels sont vos deux plus gros problèmes avec le fait de travailler la nuit dans la restauration rapide ?
- Quels sont vos deux plus gros problèmes avec le fait de conduire soir et matin pour travailler ?
- Quels sont vos deux plus gros problèmes avec le fait de travailler dans un hôtel ?
- Quels sont vos deux plus gros problèmes avec le travail à horaire variable ?
- Quels sont vos deux plus gros problèmes de nettoyage ?
- Quels sont vos deux plus gros problèmes avec les diètes ?
- Quels sont vos deux plus gros problèmes... ?

Enfin, vous saisissez le concept.

Alors ne soyez pas effrayés si vous rencontrez à l'occasion des gens positifs ; ce sont des choses qui arrivent. Utilisez tout simplement le Brise-Glace #4 pour induire instantanément la négativité chez votre prospect. Il ne vous restera ensuite qu'à régler leur problème... s'ils le désirent naturellement !

FORMULE #5.

Dans la plupart des pays il existe des lois informelles sur ce qu'on peut dire dans le cadre d'une soirée ou d'un événement quand on rencontre une nouvelle personne. Les gens posent ces trois questions dans l'ordre :

Question #1 : « Quel est votre nom ? »
Question #2 : « D'où venez-vous ? »
Question #3 : « Qu'est-ce que vous faites dans la vie ? »

Ça vous semble familier ? (Ça n'est pas vraiment une loi.)

Alors vous prenez part à une soirée et quelqu'un vous demande : « Que faites-vous dans la vie ? »

Croyez-vous que votre réponse actuelle a le pouvoir de transformer cette personne en bon prospect qui cherche des prétextes pour se joindre à vous ou, en mauvais prospect qui cherche des excuses pour se défiler ?

Ce qu'il faut c'est de bien choisir sa réponse en utiliser les bons mots afin que votre prospect réagisse en vous **demandant** une présentation.

Quand j'ai débuté dans le métier, combien d'aptitudes est-ce que je possédais pour communiquer avec les gens ? Aucune. J'étais entouré de tronches introverties, d'étudiants ingénieurs, de comptables renfermés, de scientifiques et autres gens timides. C'était mon cercle d'influence. Nous ne savions même pas qu'il existait des aptitudes pour communiquer.

Quand les gens me demandaient : « Que faites-vous dans la vie ? » ; je paniquais. Personne ne m'avait enseigné les mots spécifiques à utiliser. Mes réponses ressemblaient habituellement à une forme de diarrhée verbale qui transformait les gens en mauvais prospects.

Voici quelques exemples de mes réponses désastreuses ?

- « Je suis en recherche globale d'entrepreneurs talentueux qui sont en quête de liberté de temps et de liberté financière à l'aide d'un système qui procure un levier à leurs efforts et qui génère des sources de revenus multiples dont un résiduel dans lequel... » Arrghh ! C'était horrible.
- « Je suis partenaire avec la Compagnie Merveille, installée au cœur de la ville de Merveille, avec le merveilleux fondateur Monsieur Merveille lui-même qui marche sur l'eau lorsqu'elle est gelée, sans oublier le merveilleux produit breveté cueilli sous les roches montagneuses en Chine par des lutins bleus les soirs de pleine lune... » Vous avez déjà noté à quel point cette réponse est farfelue non ?
- « Je suis officier, chef exécutif et recruteur exécutif avec Corporation Mystère... »

Ça n'est vraiment pas le genre de réponse qui vous aidera à céduler des présentations. Tout ce que veulent entendre les prospects, c'est une explication simple de ce qu'on fait. Quelque chose de simple comme par exemple: charpentier, pizza-man, vice-président dans une banque, fermier, artiste de cirque, etc. Ils pourront alors dire : « Ah oui ! ». De toute façon, ils n'écoutent pas vraiment, ils ne font qu'être polis.

Après cette succession de réponses désastreuses, je me suis dit : « Comment expliquer ce que je fais ? Le marketing de réseau est différent d'un emploi non ? Et les prospects ne veulent pas la présentation complète. »

Pensez-y. Lorsqu'un prospect dit : « Qu'est-ce que vous faites dans la vie ? », vous ne voulez pas répondre : « Attends, laisse-moi aller chercher mon PowerPoint, DVD, livret de présentation et mon écran de projection dans la voiture ! ». Ne serait-ce pas un peu trop pour répondre à une simple question ?

Les prospects désirent seulement une **idée générale** de ce que nous faisons. Mais comment expliquer quelque chose d'un peu plus complexe, tel que le marketing de réseau ? Est-ce que vous diriez :

> « Et bien, dans mon entreprise, vous achetez les produits du manufacturier au prix de gros, et puis vous les revendez au prix de détail. Le différentiel représente votre marge de profit. En fait le profit brut et non le profit net selon votre niveau de taxation. Et si vous avez des niveaux de gens qui parlent à d'autres gens, et bien votre organisation grossit lentement au départ mais rapidement, vous pourrez vous offrir des voyages si vos BV et PV sont suffisants pour vous qualifier... »

Où commencer ? Et où terminer ?

Alors préparons une bonne explication tout de suite afin de ne plus perdre tous ces bonus parce qu'on n'arrive pas à intéresser les gens à ce qu'on fait (notre entreprise).

Deux autres exemples de désastres.

À mes débuts dans la profession, tous mes Brise-Glaces étaient désastreux. En voici deux à éviter à tout prix.

#1. Les gens me demandaient ce que je faisais dans la vie. Je ne savais pas quoi répondre alors, je ne répondais rien. Croyez-moi, ça n'était pas efficace. Les gens me regardaient comme si j'étais un triple idiot qui ne sait même pas ce qu'il fait pour gagner sa vie.

#2. Je savais que je devrais répondre quelque chose alors, quand on me demandait : « Qu'est-ce que vous faites dans la vie ? », afin d'éviter l'embarras, je changeais rapidement de sujet. Je disais : « Et bien, je suis dans le domaine de... Hé ! Regarde ! C'est Superman ! ». Efficace pour changer de sujet et chasser mon embarras temporairement mais, non productif pour générer des rendez-vous.

Un jour j'ai finalement compris que les gens sont **réactifs**. Vous vous souvenez comment l'étranger a réagi lorsque vous lui avez donné un billet de 100$? Et comment le même étranger a réagi de façon totalement différente à votre coup de poing au nez ?

Le principe est celui-ci.

« Les gens réagissent à **vous**, et **vous** pouvez **vous** contrôler. »

Changez simplement ce que vous dites et ce que vous faites et les gens réagiront différemment.

Une meilleure solution.

Les gens vous demanderont ce que vous faites dans la vie, c'est inévitable. Et souvenez-vous que les mots que vous utiliserez dans votre réponse auront le pouvoir de...

1. ...les transformer en bons prospects à la recherche de prétextes pour se joindre à vous. Donc, les inciteront à vous demander plus d'informations et vous supplier d'obtenir une présentation.

ou,

2. ...les transformer en mauvais prospects qui changeront rapidement de sujet en disant par exemple : « Oh, et comment est la température dans ton coin de pays ? », et qui auront vite fait de se trouver une excuse pour aller parler à quelqu'un d'autre.

Pensez-y. Les gens **doivent** réagir. Alors de quelle façon aimeriez-vous qu'ils réagissent à ce que vous dites ?

Et si après avoir dit aux prospects ce que vous faites dans la vie, leur réaction était de répondre : « Oh vraiment ? Comment ça fonctionne ? » ; je parie que vous aimeriez cette réaction !

Vous auriez alors transformé votre prospect en bon prospect à la recherche de prétextes pour se joindre à vous.

Un prospect intéressé qui vous demande plus d'information et vous supplie d'obtenir une présentation.

Alors si vous connaissez la réaction exacte que vous désirez obtenir des gens, ne serait-il pas facile de créer des mots qui génèrent cette réaction ?

Les mots que j'adore entendre de la bouche des prospects sont : « Oh vraiment ? Comment ça fonctionne ? »

Si votre réponse à la question « Qu'est-ce que vous faites dans la vie ? » générait la réponse « Oh vraiment ? Comment ça fonctionne ? »; il serait facile d'enchainer à partir de là n'est-ce pas ? Votre prospect manifeste un intérêt face à votre réponse et vous **demande** une présentation.

Voici la formule #5.

Si vous me demandez : « Qu'est-ce que vous faites dans la vie ? » – J'utiliserai la Formule #5 qui est :

« Je montre au gens comment ___________________+ résoudre un problème. »

Regardez comme cette formule est simple. Vous allez reconnaître quelques problèmes typiques. Prêts ?

- Je montre aux gens comment congédier leur patron.
- Je montre aux gens comment obtenir un deuxième chèque de paie.
- Je montre aux gens comment éviter les bouchons de circulation en travaillant de la maison.
- Je montre aux gens comment ils peuvent choisir leurs propres heures de travail.

Voyez-vous de quelle façon nous réglons les problèmes ? Les prospects désirent congédier leur patron, recevoir un deuxième chèque de paie, éviter de perdre du temps dans le bouchons de circulation et choisir leurs heures de travail. Les prospects vont vous adorer si vous pouvez régler leurs problèmes et, ils réagiront en disant : « Oh vraiment ? Comment ça fonctionne ? »

C'est presque trop facile n'est-ce pas ?

Suffit de résoudre des problèmes. Étalez le problème ou un bénéfice qui résout le problème à la suite des mots « Je montre aux gens comment... » ou « J'enseigne aux gens comment... »

Vous voulez quelques exemples ?

Coté opportunité d'affaire :

- J'enseigne aux gens comment se retirer 10 ans plus tôt à plein salaire.
- Je montre aux gens comment travailler trois semaines par mois tout en étant payé pour quatre.
- J'enseigne aux gens comment devenir leur propre patron pour réduire leurs impôts.
- Je montre aux gens comment démarrer leur propre entreprise à temps partiel et créer de la richesse rapidement.
- J'enseigne aux gens comment ne plus jamais devoir travailler pour l'argent.
- Je montre aux gens comment prendre six mois de vacances trois fois par année. (Un peu tiré par

les cheveux mais vous capterez certainement leur attention!)

- Je montre aux gens comment se permettre de se lever le matin quand ils sont fatigués de dormir.
- J'enseigne aux gens comment faire plus d'argent que leur patron.
- Je montre aux enseignants comment générer des revenus sans le stress relié à l'enseignement.
- J'enseigne aux grands-mères comment occuper leur temps libre et être payées pour.
- J'enseigne aux policiers comment effectuer un changement de carrière afin que leurs épouses n'aient plus à s'inquiéter en permanence.
- J'enseigne aux finissants comment s'acheter un collège plutôt que d'avoir à y étudier. (Ok, un peu exagéré mais facile à mémoriser !)

Coté nutrition :

- Je montre aux gens comment se réveiller avant que le cadran sonne, totalement énergisés.
- Je montre aux gens comment dormir comme des bébés à chaque nuit.
- Je montre aux gens comment rire de l'arthrite et des problèmes d'articulations en changeant ce qu'ils boivent le matin.
- Je montre aux grands-mères comment avoir les petits-enfants les plus brillants de l'école.
- Je montre aux gens comment se moquer de la saison des allergies.

- J'enseigne aux gens comment avoir plus d'énergie naturellement.

Coté soins de la peau :

- J'enseigne aux mamans comment avoir l'air plus jeune que leurs filles.
- Je montre aux gens comment réduire leurs poches sous les yeux naturellement.
- Je montre aux gens comment éliminer les vergetures en 21 jours.
- J'enseigne aux gens comment rendre leur peau si douce et si jeune qu'ils ne peuvent plus s'empêcher d'y toucher.
- Je montre aux gens comment rendre leur peau si fraîche et si propre qu'ils n'ont plus besoin de maquillage.

Coté perte de poids :

- Je montre aux gens comment entrer dans leur jeans moulants aisément.
- J'enseigne aux gens comment perdre du poids une fois et ne plus jamais le reprendre.
- J'enseigne aux gens comment siphonner leur surplus de gras avec une mystérieuse boisson au chocolat.
- Je montre aux gens comment avoir un look d'enfer grâce à un programme de transformation 30 jours.
- Je montre aux gens comment perdre du poids même en trichant.

Coté voyages :

- Je montre aux gens comment voyager aux prix de l'agent de voyage.
- Je montre aux gens comment éviter d'avoir à prendre leurs vacances chez la belle-mère.
- J'enseigne aux gens comment épargner de l'argent tout en séjournant dans des hôtels luxueux.
- Je montre aux gens comment prendre des vacances dont la plupart ne peuvent que rêver.
- J'enseigne aux gens comment dénicher des aubaines secrètes sur des vacances exotiques.

Coté produits d'entretien naturels :

- J'enseigne aux mamans comment se débarrasser des produits d'entretien toxiques pour les remplacer par des alternatives naturelles sans danger.
- Je montre aux gens comment utiliser des détergents sécuritaires pour nettoyer et sans danger pour les enfants.
- J'enseigne aux gens comment protéger l'environnement en optant pour des produits d'entretien écologiques.

Coté produits financiers :

- J'enseigne aux gens comment épargner pour leur retraite sans ruiner leur budget mensuel.
- Je montre aux gens comment sortir de l'endettement rapidement et obtenir une cote de crédit exemplaire.

- J'enseigne aux gens comment créer un compte épargne à partir de leurs dépenses mensuelles.
- Je montre aux gens comment réduire leurs impôts afin de pouvoir profiter davantage de la vie.

Vous voyez ? Il est très facile d'amener nos prospects à dire : « Oh vraiment ? Comment ça fonctionne ? »

Bien entendu, tout le monde ne répondra pas de cette façon. Certains n'écoutent pas, ou peuvent ne pas être intéressés par ce que vous faites dans la vie. Ces faux prospects répondront souvent en changeant de sujet comme par exemple : « Et comment est la température dans ton coin de pays ? »

C'est une façon simple pour eux de s'éclipser de cette portion de la conversation, et cette sortie n'occasionne aucun sentiment de rejet ni pour vous, ni pour eux. Donc, pas de dommages collatéraux !

Mais.... mais... mais...

Vous vous dites peut-être, « Wow, c'est fantastique ! Si quelqu'un me demande ce que je fais dans la vie, j'utilise la formule Brise-Glace #5. Mais attendez... Il n'y a en général qu'une seule personne par mois qui me demande ce que je fais pour gagner ma vie. Je vais crever de faim en attendant cette personne chaque mois ! »

Excellent point. Par contre, imaginez ceci.

Il y a 1,000 personnes devant votre porte en ce moment, tous à la file indienne. Chaque personne a en sa possession une petite carte qui lui ordonne de vous demander ce que vous faites dans la vie. Et chaque personne s'avance vers vous, une à la fois, pour vous poser ladite question.

Si vous offriez à chaque personne votre meilleure réponse en utilisant la formule Brise-Glace #5, ne croyez-vous pas que vous auriez tous les volontaires dont vous avez besoin pour votre carrière entière ? Ce serait plutôt facile !

Vous pourriez même être sélectif. Quelques unes de ces 1000 personnes ne seront pas intéressées et quelques unes le seront. Ne choisissez que les plus motivés et ceux qui vous conviennent. Par exemple, vous pourriez dire au prospect #671 : « Je n'aime pas vraiment ton look ; suivant ! »

Personne ne vous oblige à sélectionner ou à convaincre qui que ce soit. Vous acceptez tout simplement les volontaires enthousiastes qui répondent favorablement à votre brise-glace et votre présentation.

Bien sûr, ce scénario représente la situation idéale. Mais la vie n'est pas parfaite, et vous n'avez probablement pas 1000 personnes qui font la file indienne à votre porte pour vous demander ce que vous faites dans la vie.

Par contre, si trois ou quatre personnes chaque jour venaient à vous et vous demandaient ce que vous faites dans la vie, combien de gens cela pourrait représenter sur une année entière ? Plus de 1,000 personnes. Hmmmm.

Maintenant, réfléchissez à ceci. Si vous désiriez que trois ou quatre personnes chaque jour vous demandent ce que vous faites dans la vie, que devriez-vous faire pour générer ce résultat ?

Simple ! Vous n'avez qu'à demander à trois ou quatre personnes ce qu'ils font dans la vie.

Ces gens prendront environ 10 minutes pour vous décrire leur longue et pénible vie sans marketing de réseau et, lorsqu'ils auront terminé, vous demanderont souvent : « et à propos, qu'est-ce que vous faites dans la vie ? »

Et vous savez exactement quoi répondre à cette question pour générer un prospect enthousiaste qui vous supplie d'obtenir une présentation n'est-ce pas ?

Alors si vous voulez que 1000 personnes vous demandent « Qu'est-ce que vous faites dans la vie ? » ; tout ce que vous devez faire, c'est de poser la même question à trois ou quatre personnes chaque jour.

En une seule année, vous pourriez avoir tous les prospects dont vous avez besoin avec cette simple technique.

MÊME LES DISTRIBUTEURS LES PLUS TIMIDES PEUVENT LE FAIRE.

Supposons que je suis un distributeur extrêmement timide faisant partie de votre groupe. Je désire avoir du succès, rencontrer des étrangers et développer un groupe, mais j'ai peur de parler aux gens.

Mes chances de succès sont minces n'est-ce pas ?

Mais en tant que recruteur, vous pouvez m'aider à devenir un leader puissant avec un groupe énorme en ayant avec moi cette simple conversation.

Big Al : « Oh, je désire avoir du succès, mais je suis trop timide pour parler de mon entreprise aux gens. Que devrais-je faire ? »
Vous : « Et bien Big Al, la première chose que je te demande de faire est de ne parler à personne de notre entreprise. Garde ça top secret. Tu peux faire ça ? »
Big Al : « Uh, oui. Je peux certainement faire ça. »
Vous : « Ensuite, je te demande de ne jamais dire quoi que ce soit à propos de nos produits ou services. N'en parle à personne. Tu peux faire ça ? »

Big Al : « Uh, oui. Je peux certainement faire ça. C'est beaucoup plus confortable pour moi. Mais alors, si je ne parle de rien à personne, que dois-je faire ? »
Vous : « Tout ce que tu dois faire, c'est de m'aider à créer la paix dans le monde. C'est tout. Et tu connais sûrement le dicton : « Pense globalement, travaille localement. »
Big Al : « Oui, j'ai déjà entendu ça. Mais créer la paix dans le monde représente un travail énorme non ? Mais je suis prêt à contribuer localement. Alors qu'est-ce que je dois faire ? »
Vous : « La façon la plus simple de créer la paix dans le monde, c'est d'aider trois ou quatre personnes par jour à s'apprécier davantage. Est-ce que tu pourrais faire ça ? »
Big Al : « Ça me ferait plaisir. Mais comment puis-je aider trois ou quatre personnes chaque jour à s'apprécier davantage ? »
Vous : « Simple, suffit de leur demander de parler d'eux-mêmes. Les gens adorent parler d'eux. »
Big Al : « Intéressant, mais comment amener les gens à parler d'eux-mêmes ? »
Vous : « Simple. Tu n'as qu'à leur poser une question. »
Big Al : « Uh, mais quelle question puis-je leur poser ? »
Vous : « Que dirais-tu de leur demander ce qu'ils font dans la vie ? C'est une question simple à répondre pour eux, et ils adorent parler de leur propre personne. »
Big Al : « Ok, j'ai bien saisi. Je demande tout simplement à trois ou quatre personnes chaque jour ce qu'ils font dans la vie. Elles répondent en parlant d'elles-mêmes, et je contribue à la paix dans le monde. Je peux faire ça. »

Vous: « Super ! Oh, et en passant... Il arrive parfois, quand les gens ont terminé de parler de ce qu'ils font dans la vie, qu'ils te demandent en retour ce que tu fais dans la vie. Tu devrais alors leur répondre car il serait impoli de répondre : « je ne peux pas te le dire, top secret ! ». Alors si quelqu'un te demande ce que tu fais dans la vie, tu répondras tout simplement : « J'enseigne aux gens à congédier leur patron. » ; et c'est tout. »
Big Al : « Ok, j'espère que personne ne me posera la question car je suis vraiment timide. Mais si ça se produit, je saurai quoi répondre : « J'enseigne aux gens à congédier leur patron. »
Vous : « Oh et dernière petite chose. Lorsque tu dis à quelqu'un : « J'enseigne aux gens comment congédier leur patron », la personne pourrait bien être intriguée et te répondre « Oh, vraiment ? Comment ça fonctionne ? ». Alors dans un tel cas, pas de panique. Tu diras simplement que tu débutes et que tu connais quelqu'un qui pourra leur donner les détails et je pourrai ensuite les appeler.
Big Al : « Wow. Merci. Je vais vous référer tous ceux qui me posent cette question. Peut-être que plus tard je pourrai apprendre à répondre à cette question moi-même. »

Visualisez-vous ici le potentiel incroyable de ce plan d'action qui permet aux gens même les plus timides à développer une organisation dans votre équipe ?

Simplement en demandant à trois ou quatre personnes par jour « Qu'est-ce que vous faites dans la vie ? », à peu près n'importe qui peut localiser suffisamment de volontaires pour construire une entreprise à succès phénoménale.

Les gens timides sont extraordinaires. Ils sont peut-être timides, mais pas paresseux. Ils ont le droit, eux aussi, de développer une entreprise de marketing de réseau florissante.

FORMULE #6.

Il y a une autre façon de répondre à la question « Qu'est-ce que vous faites dans la vie ? ». Elle est un peu plus complexe, mais quelques distributeurs la préfèrent. Pourquoi ?

Parce que les prospects sont paresseux. Ils prennent rarement le temps de réfléchir et cette formule se charge de réfléchir à leur place. Vous voyez, quand vous dites à un prospect ce que vous faites dans la vie, le prospect doit se poser la question : « Est-ce que ça pourrait régler un de mes problèmes ? »

Alors plutôt que de demander aux prospects de se poser des questions, faisons le gros du travail pour eux. Voici la formule :

1. « Et bien, tu sais comment... (problème) »
2. « Et bien, ce que je fais c'est... (solution) »

Si vous avez lu mon livre « Comment établir instantanément, Confiance, Crédibilité, Influence et Connexion ! 13 façons d'ouvrir les esprits en s'adressant directement au subconscient », vous savez déjà à quel point les mots « Et bien, tu sais comment » sont puissants lorsqu'on s'adresse à un prospect. Pour résumer, en entendant ces mots, le prospect croira presqu'aveuglément à tout ce que vous direz par la suite. C'est une étape importante car votre prospect ne mettra pas en doute le fait que le problème que vous décrivez est un problème courant.

Alors, avec cette technique, lorsque vous expliquez ce que vous faites dans la vie, vous nommez un problème courant, et vous représentez une solution à ce problème. Enfin, il est plus simple de démontrer la technique que de l'expliquer.

Allons-y ! Quelqu'un vous demande : « Qu'est-ce que vous faites dans la vie ? » ; vous pourriez lui répondre :

> « Et bien, vous savez combien de factures on reçoit tous les mois dans notre boîte aux lettres ? Et bien ce que je fais c'est d'enseigner aux gens comment générer un deuxième chèque de paie dans leur boîte aux lettres pour payer toutes ces factures. »

À quoi pense votre prospect ? Il se dit probablement : « C'est bien vrai. J'ai un paiement d'hypothèque, une facture de taxes, un relevé MasterCard, un paiement de voiture, une facture d'assurance... Wow, ça fait vraiment beaucoup de factures. Ce serait formidable de recevoir un chèque de paie supplémentaire par la poste pour payer tout ça. Je dois en savoir plus ! »

Encore une fois, votre prospect vous demandera probablement une présentation et la vie est belle.

Voici d'autres exemples de ce à quoi pourrait ressembler votre réponse si quelqu'un vous demandait « Qu'est-ce que vous faites dans la vie ? » en utilisant la formule de Brise-Glace #6.

Approche opportunité d'affaire :

- Et bien, tu sais comment tout le monde déteste son emploi ? Et bien, je montre aux gens comment congédier leur patron.
- Et bien, tu sais à quel point la plupart des emplois ne paient pas suffisamment ? Et bien j'enseigne aux gens comment recevoir un second chèque de paie pour leur faciliter la vie.
- Et bien tu comment les gens détestent voyager soir et matin pour le boulot et perdre du temps de qualité en famille ? Et bien j'enseigne aux gens comment ils peuvent travailler de la maison.
- Et bien tu sais combien tout est de plus en plus cher ? Et bien je montre aux gens comment augmenter leurs revenus avec une entreprise à temps partiel super amusante.
- Et bien tu sais combien c'est difficile d'arriver financièrement, même avec deux revenus ? Et bien, je montre aux gens comment démarrer leur propre entreprise à temps partiel pour pouvoir se gâter un peu.
- Et bien tu sais que beaucoup de gens ont trop de mois et pas assez d'argent ? Et bien j'enseigne aux gens comment recevoir un chèque de plus par mois dans le courrier pour régler ce problème.
- Et bien, tu sais à quel point les fins de semaine sont trop courtes ? Et bien, je montre aux gens comment s'offrir des fins de semaine de 5 jours à volonté.

- Et bien, tu sais comment la plupart des gens n'ont jamais assez d'argent pour épargner ? Et bien je montre à monsieur madame tout le monde comment remplir leur compte épargne en développant leur petite entreprise à temps partiel.

Approche nutrition :

- Et bien, tu sais combien c'est douloureux de vieillir ? Et bien je montre aux gens comment freiner le vieillissement et se sentir plus jeunes en sept jours seulement.
- Et bien, tu sais comment les petits-enfants peuvent rapidement devenir des petites pestes dans la maison ? Et bien je montre aux grands-mères comment avoir plus d'énergie que leurs petits-enfants.
- Et bien, tu sais à quel point on veut tous protéger nos enfants contre les germes à l'école ? Et bien, je montre aux mamans comment les immuniser avec un simple verre de jus chaque matin.
- Et bien, tu sais à quel point on préfère avoir des enfants en santé que d'avoir à s'absenter du travail pour les amener chez le docteur ? Et bien j'enseigne aux mamans comment avoir les enfants les plus en santé du quartier.
- Et bien, tu sais comment certaines personnes doivent continuellement vérifier leur taux de sucre dans le sang ? Et bien, j'enseigne aux gens comment diminuer ce taux de sucre sans drogue ou médicament.

- Et bien, tu sais comment on se sent tous après une longue journée de travail ? Et bien, je montre aux gens comment s'offrir trois heures d'énergie supplémentaires chaque soir.
- Et bien, tu sais comment la plupart de gens auraient besoin de faire une sieste en début d'après-midi lorsqu'ils ont trop mangé ? Et puis lorsqu'ils reviennent à la maison le soir, attrapent la télécommande et espèrent que quelqu'un leur apportera de quoi manger avant de se s'endormir sur le canapé ? Et bien, j'enseigne aux gens comment, en prenant des suppléments performants chaque matin, ils peuvent avoir de l'énergie toute la journée et jusqu'en fin de soirée.

Approche soins de peau :

- Et bien, tu sais comment les rides nous donnent un air sévère ? Et bien, j'enseigne aux gens comment retarder les rides d'au moins 10 ans.
- Et bien, tu sais combien on déteste appliquer de la crème à base de stéroïdes ou de cortisone sur l'eczéma de nos enfants ? Et bien je montre aux mamans comment aider leurs enfants à retrouver leur peau de bébé en utilisant des produits à bases naturelles.
- Et bien, tu sais combien on déteste que nos rides s'amplifient en dormant ? Et bien j'enseigne aux gens comment utiliser une crème de nuit très particulière qui permet à leur peau de se regénérer durant le sommeil.

- Et bien, tu sais combien tous souhaiteraient avoir une peau plus douce ? Et bien, je renseigne les gens sur une lotion presque magique qui leur permet d'adoucir leur peau en trois jours seulement.
- Et bien, tu sais à quel point on souhaite tous faire rajeunir notre peau ? Et bien, je montre aux dames comment faire rajeunir leur peau chaque soir et, après quelques semaines, elles ne peuvent même plus commander de l'alcool au resto. (Il faut bien s'amuser un peu !)

Approche perte de poids :

- Et bien, tu sais comment la plupart des gens n'ont tout simplement pas le temps de faire de l'exercice ? Et bien, je montre aux gens comment demeurer athlétique en changeant simplement ce qu'ils mangent au petit déjeuner.
- Et bien, tu sais à quel point il est difficile de perdre du poids même si on ne mange que l'extérieur des beignes ? Et bien, j'enseigne aux gens comment perdre du poids même s'ils mangent aussi le trou de beigne !
- Et bien, tu sais combien il est difficile de bien manger avec nos agendas trop chargés ? Et bien, je montre aux gens comment transformer leur corps en machine à brûler les gras.
- Et bien, tu sais comme il est difficile de perdre du poids, particulièrement quand on a de gros os ou, si on souffre d'un dérèglement de la thyroïde ou du métabolisme ? Et bien, j'enseigne aux gens

comment perdre du poids tout en rebalançant leur métabolisme.

- Et bien, tu sais combien on aime tous manger pizza et dessert. Et bien, je montre aux gens les vertus d'un comprimé magique qui évite que les sucres et les gras s'emmagasinent dans les hanches.
- Et bien, tu sais à quel point l'exercice est pénible ? Et bien, j'enseigne aux gens comment perdre du poids sans devoir se taper des exercices pénibles et souffrir.
- Et bien, tu sais comment beaucoup de gens essaient de se priver de nourriture, faire de l'exercice, manger de drôles de choses et, que les livres perdues finissent toujours par revenir ? Et bien, j'enseigne aux gens comment perdre du poids facilement sans le reprendre grâce à un breuvage protéiné unique.
- Et bien, tu sais combien plusieurs d'entre nous sont allergiques à l'activité physique qui nous fait tourner au rouge et transpirer abondamment ? Et bien, j'enseigne aux gens comment devenir minces et athlétiques tout en se moquant de leur entraîneur personnel. (OK, peut-être que je vais trop loin.)

Approche voyages :

- Et bien, tu sais à quel point on n'a pas le temps de voyager parce que notre emploi monopolise tout notre temps ? Et bien, je montre aux gens comment s'offrir des mini-vacances qui s'insèrent bien dans leur agenda.

- Et bien, tu sais combien on veut tous avoir de beaux souvenirs de famille ? Et bien, je renseigne les familles sur une façon de se permettre des vacances de rêve à un prix qui leur convient.
- Et bien, tu sais combien voyager peut s'avérer dispendieux ? Et bien, je montre aux gens comment voyager au prix du grossiste.
- Et bien, tu sais comment on finit souvent par se ramasser chez les beaux-parents pour réduire le budget vacances ? Et bien, je montre aux familles comment s'offrir des vacances excitantes tout en respectant leur budget.
- Et bien, tu sais combien tout le monde cherche des aubaines sur les voyages sans savoir où chercher ? Et bien, j'enseigne aux gens comment dénicher de super aubaines pour leurs destinations de rêve.

Approche produits d'entretien écologiques :

- Et bien, tu sais comment on veut tous faire notre part pour l'environnement mais on ne sait pas trop par où commencer ? Et bien, je montre aux gens comment avoir un impact important en remplaçant tout simplement leurs produits d'entretien ménager.
- Et bien, tu sais combien on veut éviter d'avoir des produits toxiques et nettoyants caustiques dans nos maisons ? Surtout quand les enfants y vivent 24 heures par jour ? Et bien, j'aide les familles à faire des choix avisés pour sécuriser leurs maisons.

- Et bien, tu sais à quel point on préfèrerait utiliser des nettoyants organiques mais, qu'ils ne fonctionnent en général pas aussi bien que les détergents commerciaux ? Et bien je renseigne les gens à propos d'un détergent à lessive naturel, concentré et sécuritaire qui nettoie mieux leurs vêtements.

Approche produits financiers :

- Et bien, tu sais comment il est presque impossible d'épargner avec le coût de la vie élevé aujourd'hui? Et bien, j'enseigne aux gens comment utiliser certains avantages fiscaux pour garnir leur compte épargne.
- Et bien, tu sais combien l'assurance est chère mais qu'on en a tous besoin ? Et bien, j'enseigne aux familles à dénicher de l'assurance à prix abordable pour qu'ils puissent s'offrir des petits extras et profiter de la vie.
- Et bien, tu sais à quel point c'est difficile de se sortir de l'endettement ? Et bien, j'enseigne aux gens comment régler leurs dettes rapidement afin qu'ils puissent se la couler douce plus rapidement.
- Et bien, tu sais qu'on va tous mourir un jour n'est-ce pas ? Et bien, je montre aux gens comment gérer leur argent de sorte qu'ils puissent faire la fête et avoir beaucoup de plaisir avant de mourir.

OK... est-ce que je vais trop loin ? Peut-être, mais un peu d'exagération nous aide à mémoriser plus facilement. Vous connaissez donc maintenant une autre alternative très efficace pour répondre à la question « Qu'est-ce que vous faites dans la vie ? »

ET FINALEMENT...

Sera-t-il facile désormais d'amener les prospects à vous demander une présentation ?

Oui !

Vous n'avez qu'à retourner à cette soirée dont nous parlions au tout début du livre et constater la multitude de Brise-Glaces que vous pouvez utiliser. Les prospects présents à cette soirée n'ont aucune chance ! S'il n'y avait qu'une vingtaine de personnes sur place, vous pourriez aisément dénicher huit à dix personnes qui vous supplieraient de leur faire une présentation. Vous pourriez utiliser :

1. Je viens juste de découvrir...
2. Est-ce que ça t'irait si...
3. Repérer des gens négatifs.
4. Trouver des gens positifs et les rendre négatifs.
5. J'enseigne aux gens à...
6. Et bien, tu sais comment... Et bien ce que je fais c'est...

Assister à des événements sociaux deviendrait alors une expérience agréable et productive pour vous plutôt qu'une expérience pénible et déprimante.

La différence ?

Des mots, des formules éprouvées. Savoir exactement quoi dire et quoi faire.

Et c'est la raison pour laquelle nous devons donner un coup de main à nos nouveaux distributeurs en leur enseignant cette matière cruciale. Les nouveaux distributeurs ne savent pas comment parler efficacement aux gens. Ils ne sont pas entraînés. Alors empêchez-les d'utiliser des mots hasardeux et non-éprouvés qui se transforment habituellement en diarrhée verbale et les portent à se décourager et abandonner.

Enseignez-leurs des Brise-Glaces de Pro maintenant.

Vous vous demandez peut-être : « Pourquoi avons-nous besoin d'autant de formules pour briser la glace ? »

Et bien, si on ne connaissait qu'une seule formule, nous serions limités. Laissez-moi vous donner un exemple.

Supposons que vous n'aviez qu'une seule façon de briser la glace. Vous sauriez dire par exemple : « Que faites-vous dans la vie ? », avec en banque votre super réponse ; vous passeriez sans doute à coté de belles opportunités.

Par exemple. Vous sortez d'une soirée d'opportunité d'affaire, vous faites un arrêt au comptoir de restauration rapide pour un hamburger et des frites. Vous lancez alors au commis derrière le comptoir : « Qu'est-ce que vous faites pour gagner votre vie ? »

Aaaaarrrggghhh.

Vous comprenez maintenant pourquoi il est important d'avoir plusieurs façons de briser la glace. Demander à vos confrères de travail « Qu'est-ce que vous faites pour gagner votre vie ? » semblerait tout aussi étrange.

Il y a des centaines de Brise-Glaces que nous pouvons utiliser. Ce livre vous donne une bonne compréhension de ce qu'un Brise-Glace doit générer comme résultat chez vos prospects.

Si vous avez lu « Comment établir instantanément, Confiance, Crédibilité, Influence et Connexion ! 13 façons d'ouvrir les esprits en s'adressant directement au subconscient », vous y avez probablement noté un super Brise-Glace constitué de quatre mots :

« Je suis juste curieux... » (alternatives : « Simple curiosité » ou « je peux vous poser une question ? »)

Soyez aux aguets ! Vous observerez et noterez de nouveaux Brise-Glaces régulièrement à compter d'aujourd'hui puisque vous en connaissez maintenant l'essence et que vous saisissez leur simplicité.

Une dernière chose : rappelez-vous que tous les Brise-Glaces fonctionnent davantage si vous les utilisez...

Ce livre est dédié aux gens de marketing
de réseau de partout.

Je voyage de par le monde plus de 240 jours chaque année.
Laissez-moi savoir si vous souhaitez que tienne une
formation (Big Al Training) dans votre secteur.

→ **BigAlSeminars.com** ←

Tous les livres de
Tom « Big Al » Schreiter
sont disponibles à :

BigAlBooks.com/french

À PROPOS DE L'AUTEUR

Tom « Big Al » Schreiter possède plus de 40 ans d'expérience en marketing de réseau et marketing à paliers multiples. En tant qu'auteur des livres classiques de formation « Big Al » publiés à la fin des années '70, il a depuis offert des conférences et ateliers dans plus de 80 pays sur comment utiliser des mots et des phrases précises pour entrer dans la tête des prospects, ouvrir leur esprit et leur faire dire « OUI ».

Sa passion réside dans les idées marketing, les campagnes promotionnelles et les techniques pour s'adresser au subconscient de façon simple et efficace. Il est toujours à l'affut des phénomènes et campagnes marketing innovatrices qui fournissent bien souvent de nouvelles clés.

En tant qu'auteur de nombreuses formations audio, Tom est un orateur très prisé dans les conventions annuelles et les événements régionaux.

Manufactured by Amazon.ca
Bolton, ON

38901216R00068